野人

卡內基

幫助千萬人的基礎說話課

Dale Carnegie

PUBLIC SPEAKING AND INFLUENCING MEN IN BUSINESS

溝通藝術大師
戴爾・卡內基——著
周玉文——譯

野人家 226

卡內基幫助千萬人的基礎說話課

教你克服內向恐懼，掌握打動人心的重要關鍵！

作　　者　戴爾・卡內基 Dale Carnegie
譯　　者　周玉文

野人文化股份有限公司
社　　長　張瑩瑩
總 編 輯　蔡麗真
主　　編　陳瑾璇
責任編輯　李怡庭
專業校對　林昌榮
行銷經理　林麗紅
行銷企畫　蔡逸萱、李映柔
封面設計　萬勝安
美術設計　洪素貞

出　　版　野人文化股份有限公司
發　　行　遠足文化事業股份有限公司（讀書共和國出版集團）
地址：231 新北市新店區民權路 108-2 號 9 樓
電話：（02）2218-1417　傳真：（02）8667-1065
電子信箱：service@bookrep.com.tw
網址：www.bookrep.com.tw
郵撥帳號：19504465 遠足文化事業股份有限公司
客服專線：0800-221-029
法律顧問　華洋法律事務所　蘇文生律師
印　　製　博客斯彩藝股份有限公司
初版首刷　2023 年 03 月
初版 3 刷　2023 年 10 月

國家圖書館出版品預行編目（CIP）資料

卡內基幫助千萬人的基礎說話課 : 教你克服內向恐懼 , 掌握打動人心的重要關鍵！/ 戴爾・卡內基 (Dale Carnegie) 著 ; 周玉文譯 . -- 初版 . -- 新北市 : 野人文化股份有限公司出版 : 遠足文化事業股份有限公司發行 , 2023.03
面；　公分 . -- (野人家 ; 226)
譯自 : Public Speaking and Influencing Men in Business
ISBN 978-986-384-841-7(平裝)
ISBN 978-986-384-842-4(EPUB)
ISBN 978-986-384-843-1(PDF)

1.CST: 說話藝術 2.CST: 溝通技巧

192.32　　112001136

卡內基幫助千萬人的基礎說話課

野人文化官方網頁　野人文化讀者回函

線上讀者回函專用 QR CODE，你的寶貴意見，將是我們進步的最大動力。

【推薦序】

提到說話藝術，沒有人比他更大牌

文／美國知名作家與廣播主持人洛威爾．湯瑪士（Lowell Thomas）

成人教育正席捲全國，其中聲勢最浩大的就是戴爾．卡內基。在成人演說這個領域裡，他聆聽、評論的場次無人能及。根據最近漫畫專欄作家雷普利（Robert Ripley）發表在《信不信由你》（*Believe-It-or-Not*）的作品，卡內基已經評論超過十五萬場演說了。如果你覺得這個龐大的數字沒什麼，不妨這麼想，假設每天進行一場演說，十五萬場代表從十五世紀末航海家哥倫布（Cristoforo Colombo）發現美洲新大陸以來，一直持續到現在；或者也可以說，倘若將所有在他面前發表過演說的人集合起來，每人限時三分鐘，夜以繼日、毫不間斷，總共也要花上整整一年才能全部聽完。

創意與熱忱，讓魯蛇變身演講常勝軍

卡內基一生職涯對比鮮明，他深為原創點子著迷，同時又充滿熱忱，因而能實現最大的成就。

他出生在密蘇里州一處農場，住家距離最近的鐵道有十六公里。他在十二歲以前從未看過電車，到了四十六歲卻已經踏遍世界各個角落，從太平洋彼岸的香港，到大西洋另一頭的北歐挪威漢墨菲斯市（Hammerfest）。他甚至還深入北極探險，抵達的地方比美國海軍少將博德（Richard Byrd）在南極打造的考察站小美國（Little America）更靠近極點。

出身密蘇里州的卡內基曾經做過時薪五美分（約台幣一·五元）的勞力活，像是下田摘草莓、砍地葵，而現在卻是每分鐘收費一美元（約台幣三十元），專門培訓大企業高階主管自我表達能力的講師。這位仁兄的人生上半場只能說是魯蛇一條，後來他嘗試開創公眾演說市場，還成為我的個人專屬經理，我的成就泰半歸功於卡內基培訓。

卡內基小時候為了上學吃過不少苦頭，因為位於密蘇里州西北部的老舊農場三天兩頭走霉運，卡內基一家受夠了屋漏偏逢連夜雨，乾脆賣掉老家，搬到沃倫斯堡州立師範學院（State Teachers College）附近，買下另一塊農地。如果要住在城中，光是吃飯、租房子一天就得花上一美元，年輕的卡內基可負擔不起，於是他每天從農場騎馬約五公里通勤上學。

州立師範學院共有六百名學生，只有區區六名負擔不起在城中包吃包住的費用，卡內基正是其中之一。但他很快就看出來，校園裡有幾支頗能發揮影響力與威望的團體，包括美式足球隊、籃球隊，還有辯論社——演說比賽的常勝軍。

他自知沒有運動天賦，於是決定從拿下演說比賽冠軍做起。為此，他花了幾個月精心準備，在上下學通勤期間邊騎馬邊練習；在家則是邊擠奶邊練習，還在穀倉裡一邊將成捆的乾草堆成小山，一邊比手畫腳、侃侃而談終止開放日本移民的必要性，慷慨激昂的模樣嚇壞了鴿群。

儘管他滿懷熱忱準備，卻總是一次又一次敗下陣來。然而突然之間，他開始過關斬將了，而且不只是曇花一現，而是參加的每一場演說比賽都必贏。

其他學生紛紛跪求他幫忙培訓，而且也真的連連奏捷。

不滿足於守成，不斷挑戰新的領域

他在大學畢業後開始對西內布拉斯加州、東懷俄明州山區的牧場主人出售函授課程。雖然他精力充沛、滿腔熱忱，業績卻不見起色。他沮喪到家，大白天就回到內布拉斯加州安聯市的飯店房間，撲倒在床上絕望大哭。他很想從此遁回校園、逃離殘酷的人生戰場，但實際上他哪裡也去不了，於是下定決心改赴歐馬哈市重起爐灶。他湊不足火車票費用，只好改搭貨運車廂，並且以照顧拴在兩列車廂的野馬換取車資。他在南歐馬哈市下車後進了阿莫公司（Armour and Company），找到一份推銷培根、香皂和豬油的差事。他的業務範圍涵蓋中、西部地表崎嶇的惡地（badlands），以及西南達科他州的牧牛區、印第安人生活區。他在貨運火車、驛馬車與馬背上做生意，睡在拓荒者留宿的旅社，這裡的每一間房都只以棉布相隔。他苦讀推銷類書籍，騎著頑劣的野馬走訪印第安人營區，和他們玩牌，從中摸索催帳的技巧。曾有內地的雜貨店老闆訂購培根和火腿卻付不出款項，卡內基就從他的貨架上拿幾雙鞋抵帳，轉手賣給鐵路工人，然後再把款項繳回阿莫公司。

短短兩年內，他就攻下這塊原本毫無產值的市場，在南歐馬哈市總共二十九條業務路線中，從第二十五名一口氣衝上第一名。阿莫公司想替他升官加薪，盛讚他：「你達成了看似不可能的奇蹟。」不過他拒絕公司的美意，反而辭職轉戰紐約，進入美國戲劇藝術學院（American Academy of Dramatic Arts）進修，還曾擔綱百老匯戲劇《馬戲之花》（*Polly of the Circus*）裡的哈特利博士（Dr. Hartley）一角巡演全國。但他有自知之明，自己不可能成為愛德恩・布斯（Edwin Booth）或約翰・巴利摩（John Barrymore）這樣的巨星，於是重拾業務員生涯，進入車商帕卡德公司（Packard Company）賣車。

他對機械一竅不通，也毫無興趣，結果為此鬱鬱寡歡，每天都得逼自己出門上工。他很想撥出時間學習、動筆撰寫大學時代就夢寐以求的小說，所以最後索性辭職，打算白天寫寫故事、小說，晚上在夜校教書餬口飯吃。

那他要教什麼呢？他回顧並評估自己的大學生涯，發覺公眾演說方面的訓練帶給他最多自信、勇氣、沉著與商務應對能力，遠比其他所有課程更有成效。於是他要求紐約的基督教青年會（Y.M.C.A.）提供一次機會，讓他開辦教授商務人士公眾演說的課程。

克服恐懼、培養勇氣，超越自我潛能

有沒有搞錯？把商務人士打造成演說家？真是荒謬。基督教青年會很清楚，因為以前曾開辦類似課程，可是乏人問津。

基督教青年會拒絕每晚支付卡內基兩美元（約台幣六十元）的薪水，於是改採抽佣制，要是這門課有賺錢的話，卡內基就能從淨利中抽成。結果，往後三年內，他每晚抽取的佣金遠不只兩美元，而是三十美元（約台幣九百元）。

後來民眾對這門課的需求節節攀升，紐約其他基督教青年會分處也耳聞風評，接著又擴散到其他城市。戴爾·卡內基很快成為各方爭相邀請的講師，巡迴紐約、費城和巴爾的摩各城演說，隨後更遠赴倫敦、巴黎。不過對蜂擁搶購課程的商務人士來說，教科書太艱澀不夠實用，於是他再接再厲，伏案寫下了這本書，現在已是基督教青年會、美國銀行家協會（American Bankers' Association）及全美信貸業者協會（National Credit Men's Association）的官方教材。

時至今日，愈來愈多成年人受教於戴爾·卡內基開辦的每一期公眾演說培訓課程，而非走進哥倫比亞大學、紐約大學主導的公眾演說延伸課程。

戴爾・卡內基宣稱，每個人只要火氣一上來馬上就可以開口演說。他說，就算你是朝著全鎮最目不識丁的傢伙揮拳，把他揍倒在地，他也能立刻跳起來振振有詞、滔滔不絕，口若懸河的程度幾乎會讓置身職涯巔峰的大雄辯家威廉・詹寧斯・布萊安（William Jennings Bryan）自嘆弗如。他還說，任何腦中想法激盪沸騰、呼之欲出的人只要充滿自信，就能站在大眾面前侃侃而談且令人信服。

他認為，培養自信的方式就是放膽去做以前聞之卻步的事，直到每戰必勝為止。所以他會強迫每一名學員上每一堂課時都必須發言，而聽眾也都很善解人意，因為其實大家都在同一條船上，況且，唯有練習不輟，才能培養出走出課堂之外發表演說的勇氣、自信與熱忱。

戴爾・卡內基這些年都靠一件事謀生，但不是傳授公眾演說心法，這反而是附帶結果，他主要的工作是幫助他人克服內心恐懼、培養勇氣。

起初他想開設一門公眾演說課程，但是報名的學員卻是商業菁英，其中許多人已離開校園二、三十年未曾再踏入教室一步。多數人都選擇分期付款繳納學費，而且都想要速成心法，好在隔天的商務會談或當眾談話場合派上用場。

所以他被迫設計快速、實用的課程，並順此發展出一套與眾不同的培訓課程，集公眾演說、銷售技巧、人際關係及應用心理學於一體，堪稱是讓人眼睛一亮的心血結晶。

哈佛大學教授威廉・詹姆斯（William James）曾說，一般人通常只發揮了一成的潛在心智能力，但戴爾・卡內基協助商界人士開發自身的潛在能力，進而打造出成人教育中意義最深刻的一場運動。

目錄

第一部 打造超人氣表達力的說話基本功

第二部 成為說話高手的關鍵心法

第三部 政商菁英都在用的開頭結尾技巧

第四部

把話說進心坎裡的黃金實戰法則

第一部

打造超人氣表達力的說話基本功

第 1 章

想要獲得勇氣，就要先裝出無所畏懼的樣子

「勇氣是男子氣概的首要特質。」 ——美國國務卿 Daniel Webster

「帶著恐懼放眼未來絕無安全可言。」
——美國鐵路鉅子E. H. Harriman

「絕對不要聽從恐懼的建言。」
——美國內戰期間南軍將領Thomas Jonathan “Stonewall” Jackson

「如果你說服自己有能力完成某件事，只要這件事有一絲可能性，無論過程多麼艱難，你都能辦到；反之，假若你認為自己連世界上最簡單的事都搞不定，那就不可能做到，即使小土丘也能成為爬不上去的高山。」 ——法國心理學家Émile Coué

「成功十之八九源自於對自己的信心，並且全力以赴。」
——肉品包裝商Wilson and Company總裁Thomas E. Wilson

「鏗鏘有力的演說能力是一種造詣，不是天賦。」
——演説家William Jennings Bryan

「在議會中，若想確保個人發展，開口擲地有聲比表現得明智、嚴肅更能遂行所願。」 ——倫敦*Daily Telegraph*

每一個商業菁英都想要、也需要具備的才能

我開辦過各式各樣的演說訓練班，打從一九一二年來，已經有超過一萬八千名商業菁英報名參加。每次我要求學員寫下接受培訓的動機和期待，得到的答案自然是五花八門，但意想不到的是，所有回信都異口同聲地強調一個想望：「每當我被點名站起來當眾講話，」一個又一個學員這樣寫道，「就會突然渾身不自在、雙腳發軟，接著腦袋一片空白，無法專心，完全想不起來原本想表達的意見。**我想要重拾自信、沉著與獨立思考的能力；我想要在商業夥伴、聽眾面前井然有序地歸納思緒、暢所欲言。**」成千上萬學員的告白都不脫這個範疇。以下援引幾個實例說明：

費城的甘特先生參加我的公眾演說訓練班，開班後沒多久他就邀請我與他在製造商俱樂部（Manufacturers' Club）共進午餐。他是一位中年仕紳，十分活躍，不僅是白手起家的大老闆，也是教會與社區裡的領袖人物。進餐途中他傾身對我說：「我三不五時就受邀赴各種場合演說，但一次也沒答應，因為我會緊張忘詞，一個字也擠不出來，所以我總是婉謝邀約。不過我現在接任大學評議會的會長，必須主持會務，偶爾也非得站起來說幾句話不可……您覺得，到了我這把年紀，還有可能學會演說嗎？」

「甘特先生，您是在問我的意見嗎？」我回答：「這不是我怎麼想的問題，只要您循序漸進、勤勉練習，我知道您辦得到，也知道您一定會辦到。」

他很想相信我的說法，但不免覺得太輕而易舉、樂觀過頭了。「恐怕老師只是客氣才這麼說吧，」他回答：「只不過是想要鼓勵我。」

他上完那一期課程後，我們有好一陣子沒有聯絡，直到一九二一年再度相約在製造商俱樂部共進午餐。我們選了第一次會面的角落，也坐在同一張餐桌。我提起上一次談話的內容，並問他當時我是否真的樂觀過頭。他從口袋拿出一本紅色記事簿，上頭排滿密密麻麻的演說邀約。「原來我真的有演說的才能，」他坦承：「我從中得到莫大樂趣，而且還能對他人多少有些幫助，這是我這一輩子最心滿意足的事。」

在第二次餐會之前，國際限武大會（The International Conference for the Limitation of Armaments）才剛剛在華盛頓落幕。當時，甘特所屬的教會費城浸信會（Baptists of Philadelphia）得知英國首相勞合．喬治（Lloyd George）同意與會，於是拍電報邀請對方到費城演說。勞合．喬治回電報答允，倘若他去了華盛頓，就會到費城一遊。甘特先生透露，他深感榮幸被浸信會成員推選為介紹英國首相出場的司儀。

三年前，這位仁兄還坐在同一張餐桌旁，一臉正經地問我是否相信他能學會在大眾面前演說呢！他的神速進步只是特例嗎？一點也不！類似的例子還有成千上萬個。再舉一個更具體的例子說明：

幾年前的冬天，住在紐約布魯克林的內科醫師柯提斯，到佛羅里達州巨人棒球場附近度假。他是熱血棒球迷，經常在場邊觀賞練球，因此和球員混得很熟。有一天，球隊以球隊之光為名邀請他參加聚會。

等咖啡和閒嗑牙的點心端上桌後，幾位重要賓客都被一一點名上台「講幾句話」。突然，就像晴天霹靂一般，他聽到自己的名字被主持人點到了：「今晚有位內科醫師與我們同樂，現在讓我們以熱烈掌聲歡迎柯提斯醫師和我們談談棒球選手的健康議題。」

對這個議題他熟悉嗎？當然，畢竟他在衛生保健領域執業近三分之一個世紀，堪稱全場最深諳此道的專家，坐下來和席間同伴聊到三更半夜也沒問題。但是要他起身當眾演說，即使只有少數聽眾，也是另外一回事，他會嚇得頭皮發麻、手腳發軟。他的心臟以兩倍速狂跳，而且「演說」這個念頭才剛浮現就手足無措。他這一生從未當眾發表演說，因此原本烙印在腦中的知識也全都不翼而飛了。

他能怎麼辦？全場聽眾掌聲鼓勵，而且每個人都緊盯著他瞧。他連連搖頭，卻只是讓聽眾的情緒更高漲、呼聲更響亮，眾人齊喊：「柯提斯醫師！上台！上台！」一聲大過一聲，益發堅定。

他左右為難，苦不堪言，但他知道，要是真的上台一定會搞砸，因為他可能連短短幾句話都說不好。所以這名深感尷尬、滿心羞慚的醫師把心一橫，站起來後一言不發地轉身奪門而出。

難怪他一回到布魯克林就馬上到城中心的基督教青年會報名參加公眾演說課程，他不想再經歷一次臉紅心跳、呆若木雞的難堪經驗。

獲得自信與勇氣的不二法門：訓練與練習

柯提斯是那種會讓指導老師眉開眼笑的好學生，他全心渴望變得能言善道，這分心意從不打折扣，因此總是將演說內容準備萬全，認真練習，沒蹺過任何一堂課。

他循規蹈矩地善盡學生本分，結果進步神速，遠超過原本期待的最完美境界，連他自己都很驚訝。前幾堂課他的緊張失措如影隨形，但隨後愈來愈有自信。兩個月內，他變成全班的巨星級演說家。他很快收到各方演說邀約，現在不僅熱愛這種感覺，也喜歡演說激勵人心的本質，更愛上演說帶來的改變，並交到更多新朋友。

一名紐約市共和黨選舉委員會（New York City Republican Campaign Committee）成員聽過柯提斯醫師的演說後，邀請他到紐約為共和黨政治家站台。這位政治家大惑不解，不過一年前，這名醫師還是被聽眾恐懼症綁架舌頭的受害者，根本上不了檯面，而且還丟臉、困惑地狼狽逃出晚宴現場，如今竟然成為滔滔不絕的演說家！

獲得自信與勇氣，掌握在當眾演說的同時一邊冷靜、清晰思考的能力，其實遠不及多數人想像的困難，這不是上帝賦予少數幸運兒的禮物，而是像高爾夫球技一樣，只要認真想要學會，就能開發出自己的天賦潛能。

是否有那麼一絲絲原因可以解釋，為何你坐著時能思考，一站到公眾面前就動彈不得呢？當然，你心知肚明沒有這種事。事實上，你站在眾人面前應該腦子會轉動得更快，因為他人會激發、提升你的心智。許多演說家都會告訴你，**在場聽眾其實是靈感、激勵的泉源，可以讓他們的大腦更清晰敏銳。**在這些時刻，正如美國知名牧師畢傑（Henry Ward Beecher）所說，原本未曾察覺的思慮、事實與想法都會像是一縷輕煙飄過腦中，只須張開雙手依附其上。只要你勤勉練習、持之以恆，可能也會有相同的體驗。

然而，就這一點而言，你可以肯定：**訓練和練習能消除聽眾恐懼症，讓你煥發出自信和持久的勇氣。**

即使是知名演說家，也有不堪回首的上台黑歷史

你並沒有與眾不同，**即使是當代最辯才無礙的演說家，在職涯初期也備受盲目的恐懼和自我意識過剩所折磨。**

美國政治家威廉．詹寧斯．布萊安堪稱身經百戰的沙場老將，他自承，在最開始的幾場演說中他的兩個膝蓋抖到幾乎要打架了。

大文豪馬克．吐溫（Mark Twain）第一次起身演說時感覺自己嘴裡好似塞滿棉花，心跳則是快到像是參加競賽、爭奪獎盃似的。

美國內戰名將格蘭特（Ulysses Grant）攻下密西西比州威克斯堡（Vicksburg），成就當年全球最偉大的軍隊之一，但他坦承自己對著公眾演說時，有種好似罹患運動失調症的錯覺。

尚．饒勒斯（Jean Jaurès）是他那一代最有影響力的法國政治演說家，但他剛進入眾議院時還膽怯地開不了口，直到一年後才鼓起勇氣發表第一場演說。

「我生平第一次嘗試公眾演說時，」英國首相勞合．喬治也坦承：「實在是慘到不行。不僅根本毫無修辭可言，說真的，我的嘴巴簡直是動彈不得，而且一開始連一個字也吐不出來。」

十九世紀，美國內戰期間最傑出的英籍國會演說家約翰．布萊特（John Bright），曾在英國竭力為北方聯邦軍和解放行動辯護，並在一所鄉間學校對著一群村民發表自己的演說處女秀。他在赴約的路上手腳發軟，深怕搞砸，於是跪求同伴，只要他在演說過程中看起來緊張到快要出錯，就趕快鼓掌，好讓他撐下去。

偉大的愛爾蘭國會黨領袖帕奈爾（Charles Stewart Parnell）在演說生涯初期萬分緊張，據他的手足所

說，他經常握緊拳頭，甚至連指甲都深深刺入手掌，以至於破皮流血。

十九世紀英國保守黨首相班傑明・迪斯雷利（Benjamin Disraeli）承認，他第一次在下議院演說時，心裡想的是寧可帶兵出征，而那場處女秀最後只能說是慘不忍睹。英國劇作家兼政治家謝立敦（Richard Brinsley Sheridan）的初次登台也不相上下。

事實上，很多英國知名演說家初挑大梁的下場都可說是荒腔走板，所以現在英國國會裡形成一種共識，亦即菜鳥議員的第一場演說能否一鳴驚人是暗示吉凶的預兆，請銘記在心。

熬過開頭幾分鐘，不自在的感覺就會自動消除

我長期見證許多演說者的職涯發展，也從旁協助指點一二，每當看到學員從起初緊張不安地一開口就顫抖，到後來能得心應手，總是深感欣慰。

即使置身僅二、三十人的小型商務會議中，發表談話仍得負責，所以還是會有壓力、衝擊與某種興奮感，發言者應該像是受過嚴格訓練一般，表現出躍躍欲試的模樣。兩千年前，古羅馬時期不朽的演說家西塞羅（Marcus Tullius Cicero）曾說，所有戰功彪炳的公眾演說家都會緊張的。

即使是對著麥克風演說也經常會產生同樣的感受，這就是所謂的「麥克風怯場症」。喜劇泰斗卓別林（Charlie Chaplin）早已習慣面對聽眾，可每次進廣播間，也只能拿著寫好的講稿照本宣科。一九一二年，他帶著一張名為〈在音樂廳待一晚〉（*A Night in a Music Hall*）的素描跟隨默劇團巡迴全國演出，在此之前，他是正統英國舞台劇出身的演員，但是每當他走進填充消音棉的錄音間對著麥克風說話，

整個胃仍會翻攪，就如同在二月的暴風雨中搭船橫越大西洋一樣。

知名電影演員兼導演詹姆士．柯克伍德（James Kirkwood）也有類似的經歷。他向來是演說舞台上的明星，但是每次對著看不見的聽眾演說完後走出廣播室，他總是滿頭大汗。「就算是百老匯的首演夜，」他坦承道：「也比不上這碼子事。」

有些人無論多頻繁地發表演說，**開口前總是免不了自我意識過剩，不過一旦起身站上講台，幾秒鐘後這種感覺就自行消失。**

就算是演說功力非凡的美國總統林肯（Abraham Lincoln）每次開場那短短幾分鐘也老是卡卡的。「一開始他覺得超級尷尬，」法律事務所合夥人威廉．亨頓（William Herndon）轉述：「總覺得無法自然融入周圍的氣氛。他得先克服天生怯場、靦腆的性格，導致他整個人看起來怪裡怪氣。我經常目睹這一幕，很心疼林肯必須熬過這些時刻。每當他開始演說，音調就會拔高，變得刺耳、不動聽；他的舉手投足、姿態、黝黑泛黃的雙頰配上又皺又乾的皮膚，外加姿勢不自然、動作又缺乏自信，總之全身上下都像在和他作對似的。不過這種情形只會延續一小段時間。」等他恢復沉著、溫煦與誠摯本性，真正的演說才正式登場。

你的經驗想必也和林肯相差無幾吧。

擺脫演說障礙的四大成功關鍵

為了極大化這套培訓課程的效果，並快速、敏捷地加以活用，以下四大關鍵不可或忘：

關鍵一：抱持著貓捉老鼠的熱忱

這一點遠比你所想更重要。如果你的指導者可以透視你的內心、確認你的企圖心，幾乎就有十足把握預知你能進步得多快。要是你的企圖心不夠強烈，未來的成就也就輝煌不到哪裡去；**要是你能像貓捉老鼠那樣全力以赴，持之以恆地追尋目標，天底下就沒有事情可以難倒你。**

因此，喚醒你學習公眾演說的熱忱吧。想想，光是增加自信、強化商業談判的說服力，對你個人的幫助會有多麼重大；想想，若換算成實質財富的話，你的進帳會成長多少；想想，你的社交生活會有多大改變，諸如結交更多朋友並擴大影響力；而且，**公眾演說對於領導力的養成，比你能想到的任何活動都更有效率。**

「與其他技能相比，擁有演說能力，」轉戰參議院的美國商界大亨強西．戴普（Chauncey M. Depew）宣稱：「能讓人在最短時間內開創事業、建立知名度。」

美國實業家菲利浦．阿莫（Philip D. Armour）日進斗金，但他卻說：「我寧可成為頂尖的演說家，而非精明的資本家。」

這大概是所有受過教育的人夢寐以求的能力吧。美國鋼鐵大王安德魯．卡內基（Andrew Carnegie）去世後，後人在他的遺物中發現一份三十三歲時訂下的人生計畫。其中寫著他希望再過兩年事業每年營收可達五萬美元，然後他打算三十五歲就急流勇退，改赴英國牛津深造，「尤其是公眾演說術這一門課」。

試想，發揮這股全新的能力可以獲得何等的滿足與愉悅啊。我旅經世界許多地方，累積了許多五花八門的經歷，但談到徹頭徹尾、長長久久的內心滿足感，只有極少數幾件事可以和站在公眾面前，讓他人隨著自己的思緒起舞相提並論。這可以帶給你力量，召喚自我實現的自豪感；還會推動你向前並超越同儕；其中自有魔力和永誌難忘的快感。「開始前兩分鐘，」曾有一名演說家比喻，「我寧可受鞭刑伺候也不要上台；但結束前兩分鐘，卻是寧可被亂槍掃射也不想下台。」

在每一堂課裡，總有些人變得卻步不前，半途而廢，因此你應該時時思考，這堂課對你來說有何意義，直到你的企圖心熊熊燃燒。你應該滿懷熱忱地投入這套課程，因為它會引領你循序通過每一道關卡，大獲全勝並抵達終點。不妨告知你周遭的朋友你正在學習這門課，並每星期空出一晚閱讀課程資料，也準備演說內容。一言以蔽之，就是盡量讓自己能輕鬆前進，但退路艱難。

當年大將軍凱撒（Julius Caesar）帶領古羅馬軍團航經高盧（Gaul），並登陸當今的英格蘭時，他做了什麼事確保軍隊成功呢？他的手段非常高明，先是在東南角多佛（Dover）的白堊懸崖邊要士兵停止前進，然後要他們俯視六公里下方的海面大浪，結果人夥看到赤色火舌吞噬了他們搭乘的每一艘船。如今他們置身敵人的國度，與古大陸的最後一絲聯繫燒毀了，最後一條後路斬斷了，只剩下一途可行，那就是前進、征服。而他們也真的做到了。

這就是名留青史的凱撒所展現的氣魄。大家何不效法他的破釜沉舟，從此消除愚蠢的聽眾恐懼症。

關鍵二：事前準備工作要做好做滿

除非說話者事先想清楚、規畫好內容，知道自己想要談些什麼，否則一站到聽眾面前必定手足無措，就好比盲人給盲人帶路一樣。在這種情況下，講者應該要有自覺、深感懊悔，為自己的疏忽感到萬分慚愧。

「一八八一年秋天，我獲選進入紐約州下議院，」美國總統羅斯福（Theodore Roosevelt）在自傳中寫道：「卻發現自己是議員中最年輕的菜鳥。我和所有年輕、歷練淺薄的議員一樣，在自學演說的過程中遭遇重重困難。後來有一名精明的同鄉給了我一個好建議，他應該是無意識地引述了英國政治家威靈頓公爵（Duke of Wellington）的話，而威靈頓公爵無疑也是引述自他人。他的建議是：『除非你真的有話要說，不然請閉上尊口。即使開口也要直指重點，說完就回座。』」

這名頭腦冷靜的同鄉應該有指點老羅斯福克服緊張的方法，他或許曾補充道：「如果你站到聽眾面前時能找點事做，會有助你擺脫尷尬的感覺，像是擺出幾樣東西、在黑板上寫幾個字、在地圖上指出一處地方、搬弄一下桌椅、打開一扇窗戶或是更換一下書籍和報紙的擺設位置等。**任何與演說無關的肢體動作都能讓你感覺像在家裡一樣自然。**」

當然，演說現場不一定有機會做這些動作，但這個建議確實很管用。要是情況允許，你不妨試試看，但這套伎倆只需要玩幾次，就像幼童一樣，一旦學會走路，就不需要再扶著椅子了。

關鍵三：帶著自信放手一搏

美國最負盛名的心理學教授威廉．詹姆斯曾評論道：

「行為看似跟著感覺走，但實際上是兩者並行。行為更直接受到意志力控制，所以當人運用意志力規範行為時，也可以間接規範感覺，因為感覺不受意志力控制。

「因此，要是人失去自發的快樂，自主找回快樂之道就是先振作起來，坐直身子，然後假裝快樂地採取行動、開口說話。倘若連這一招都失靈，其他方法也可能不奏效。

「所以，**若你想要勇敢，就先卯足全力表現出很勇敢的樣子**。這套勇氣打造的外衣極可能足以擊退恐懼。」

按照詹姆斯教授的建議，面對聽眾時請展現出勇氣，彷彿你原本就勇氣百倍。當然，你必須做好萬全準備，否則演技再好也是白忙一場。假定你知道自己打算談些什麼，請神采奕奕地快步走向講台，深呼吸三十秒，然後再抬眼面對聽眾。氧氣充足能為你增添精神和勇氣。知名波蘭男高音瑞茲克（Jean de Reszke）曾說，只要你一口氣吸飽、吸滿，緊張慌亂也將消逝無蹤。

中非部落珀爾族（Peulh）的男性成年娶妻時，必得接受一場鞭刑洗禮。部落婦女群聚在一起，隨著鼓聲節奏邊唱邊擊掌。光裸著上身的青年大步走向前，一名手持皮鞭的男子開始鞭笞這名小夥子，像個喪心病狂的惡魔般使勁抽打。皮鞭落在青年裸露的皮膚上，鞭痕逐一浮現，然後是皮開肉綻、鮮血橫流，即使傷口癒合結痂也會終身留下疤痕。在鞭刑伺候的期間，部落長老會匍匐在青年腳邊，緊盯著他是否移動寸步或面露痛苦，因此這名強忍皮肉苦痛的小夥子為了成功挺過這場試煉，不僅得咬牙硬撐，甚至還得吟唱讚歌。

不論是哪一個時代、哪一個地區，人總是崇尚勇氣。所以無論你內心有多麼忐忑不安，請如同中非接受鞭笞洗禮的青年一樣勇敢踏出腳步、站得筆直，好似你真心熱愛這道酷刑。

請挺起腰桿、直視聽眾的雙眼，想像他們全都欠你一屁股債，然後帶著自信開始演說。想像你是他們的債主，這些人呼朋引伴一起來到你的面前，求你高抬貴手再寬限一段時間。透過想像產生的心理作用將對你頗有幫助。

千萬不要神經質地開開扣扣外套上的扣子，也不要猛搓雙手。如果你非得做些什麼緊張不安的動作，請把雙手背在背後，十指交握，或是扭動腳趾，總之就是別讓旁人看見。一般來說，演說者站在桌椅後方的效果不佳，但在開場的一、兩分鐘內緊倚桌緣，抓緊邊角，或許可以讓你鼓起一些勇氣；或者你也可以試試緊握一枚硬幣。

老羅斯福是如何發展出獨樹一格的勇氣與自信呢？難道他天生就具有冒險犯難、膽大妄為的精神嗎？並不是。「我從小就體弱多病、笨拙難搞，」他在自傳中招認，所以長大後一開始也對自己的實力感到不安、疑神疑鬼。我非得痛苦、費力地勉強自己接受訓練，不只是鍛鍊身體而已，更要磨練心靈與精神。」

所幸，羅斯福曾分享自己如何蛻變成功。「孩提時代，」他寫道：「我曾讀過馬瑞亞特（Frederick Marryat，英國早期航海小說家）所寫的一篇文章，對我影響深遠。故事描述一名英國小軍艦的船長傳授士兵如何養成無所畏懼的性格。他說，每個人採取行動之初都會畏首畏尾，然而接下來該做的，是把持住自己，表現出一副天不怕、地不怕的樣子，演得愈久就愈容易假戲真做。一旦感受不到恐懼，就真的無所畏懼了（我用自己的語法轉述，並非引述馬瑞亞特的原句）。

「這就是我實踐的理論。一開始什麼事都讓我害怕，從大灰熊、難以駕馭的野馬到槍手皆然。不過我總是虛張聲勢，假裝什麼都不怕，漸漸地就真的都不怕了。如果願意試試看，多數人都會得到相同的體驗。」

倘若你期盼獲得勇氣，放手去做就是了。「在戰爭中，」法國陸軍統帥福煦（Ferdinand Foch）曾說：「最好的防守就是進攻。」所以，請正視你的恐懼並展開攻勢。走出去、對抗它，並在每一次對戰時都拿出純粹的勇氣征服它。

先準備好一則情報，然後想像自己是西部聯軍的傳訊小兵，被指派將情報送到某處。傳訊小兵不引人注目，電報本身才是關注的焦點。所以，你準備的情報才是重點。請全心全意準備它，背得滾瓜爛熟、銘刻在心，並真心實意地相信它，然後擺出堅定的態度開始演說。確實去做的話，你很快就能成為駕馭演說場合與自我的大師。

關鍵四：練習！練習！再練習！

在此必須強調最重要的一點，即使本章前述內容全都忘記，也請務必記住，**培養演說自信的首要之務、終極之道就是「開口說」**。這是培養公眾演說能力的不二法門。所以請練習！練習！再練習！這是唯一必不可少的要件。

老羅斯福曾提醒：「菜鳥都會有新手症（buck fever），這原本是指初次打獵的生手，看到獵物接近時會不由自主感到興奮、緊張，但不是膽小。第一次站在許多聽眾面前演說就像是突然撞見一隻鹿，或是第一次走上戰場，需要的是控制得宜的冷靜大腦，而非勇氣。這種情感非得經由練習培養不可，也就是依據個人習慣、反覆練習自我控制，終至能夠馴服興奮的神經。**其實演說技巧泰半取決於習慣，也就是反覆鍛鍊意志力、反覆練習的結果**。只要演說者具有正確的心態，透過一次又一次的練習，他的能力就可以日益提升。」

所以，請持之有恆。不要因為工作繁忙就有一搭沒一搭的練習。

開口恐懼症有可能克服嗎？

想要擺脫聽眾恐懼症，且讓我們先找出箇中原因。美國歷史學家羅賓遜（James Harvey Robinson）在著作《心智形成》（*The Mind in the Making*）中寫道：「恐懼，源於無知和不確定。」換句話說，恐懼是缺乏信心的結果。肇因為何？**恐懼就是你不知道自己有多大的能耐，之所以不知道自己有多大能耐，則是缺乏經驗的緣故。**一旦你累積一連串成功的經驗後，恐懼自然會人間蒸發，就好比七月烈陽下，夜霧必將蒸騰融化一般。

不變的真理是：若想學會游泳就非得跳進泳池不可。你已經讀完第一章了，來實際演練一下吧。

請先擇定一個主題。從你已經擁有一些知識的領域挑選主題較為理想，然後構思一段三分鐘的演說內容，並反覆練習幾回。最後，找一群對這個主題感興趣的對象，傾注全力進行一場演說吧！

卡內基說話學 01

勇氣與信心都來自不斷練習與經驗累積！

- 幾乎所有人都想要克服自己的緊張天性，能夠自主思考，並帶著自信與從容面對任何規模的團體演說。

- 公眾演說的能力不是上天垂憐少數幸運兒的禮物，如果胸懷足夠的雄心壯志，每個人都可以開發自己的潛能。

- 許多經驗老到的演說者在面對一群聽眾時，反而更能清楚思考、流暢談話。聽眾數量龐大已獲證明是一種刺激，也是靈感。

- 你並沒有與眾不同。許多知名演說者在職涯初期都因為自我意識過剩，而被聽眾恐懼症嚇得動彈不得。

- 無論你多常公開演說，或許總是會在開始之前自我意識過剩，待開始演說幾秒後你可以自主思考了，自我意識就會完全消失。

- 喚醒你對學習公眾演說的熱忱，不妨從它可以增加財富、社交和影響力、領導力的角度思考。請謹記，你的渴望有多強烈，你的進步就會有多快速。

- 除非你知道自己打算演說的主題，否則不可能培養出自信。

- 舉手投足都要表現出自信。「你若想感覺勇敢，」威廉·詹姆斯教授建議，「就要表現得好似天生就是這麼勇敢。」

- 練習，是重點中的重點。恐懼是缺乏信心的結果，缺乏信心則是源於不知道自己能做些什麼，最終全得歸咎於經驗太少。

完美發聲secret

吸飽吸滿的橫膈呼吸法

「就完美的嗓音而言，」歌劇天后梅爾芭夫人（Madame Nellie Melba）說：「正確吐納是最重要的技巧。」因此，改進發音的第一步就非得是精熟正確的吐納之道不可。呼吸吐納是發音基礎，堪稱開口說話的原料。

正確呼吸可以帶來完融、深沉又圓潤的音調，有魅力的音質，不顯得單薄、刺耳，且音調悅耳，也能傳向遠處。

既然正確呼吸如此重要，我們就必須搞懂它是什麼、如何善加練習。

知名義大利歌唱家傳授的心法大多是「橫膈呼吸法」（diaphragmatic breathing，又稱腹式呼吸）。這是什麼？某種陌生、新奇又難搞的東西嗎？根本不是這麼一回事，也不應該往那個方向猜測。每個新生兒都能做得很完美，你也可以每一天花一點時間找回兒時的感覺。當你夜間在床上躺平，感到毫無拘束、自由自在而且順暢呼吸，這時你就是採用橫膈呼吸法。出於某種不明原因，人除非完全平躺，否則很難正確採用橫膈呼吸法。

因此簡單來說，重點就是：站立時也採用橫膈呼吸法，就像平躺下來一樣。聽起來不怎麼困難，對嗎？

首先，平躺下來，深吸一口氣。請留意，這個動作主要是運用身體的中間部位，同時肩膀不要抬高。

你會感覺到海綿狀、多孔的肺部充滿空氣，就像一顆玩具氣球。氣球該怎麼繼續吹大？肺位於何處？肺被包覆在兩側的肋骨、背部的脊柱和上側的胸骨圍成的骨架裡。雖然肋骨能讓出一些空間，但對肺部來說最簡單的擴張方式就是往下推展直到觸及一塊柔軟的肌肉，也就介於胸部和腹部之間的橫向組織。這塊組織將身體分成兩個不同隔間，上半部是胸部，包括心臟和肺部；下半部則是胃、肝、腸等重要器官。這塊巨大的肌肉會像圓形屋頂一樣向上拱起。

假設將一個紙餐盤或餐碗倒過來放，按壓拱形的底部，結果會怎樣？餐盤會變得扁平、往外擴張，而且是全面往外延展，直到完全貼平。這個過程就如同橫膈呼吸法，充滿空氣的肺部往下擴張，將橫膈膜向下按壓。

現在請再度深吸一口氣，將手指平放在胸骨下方，感覺橫膈膜變得扁平而且往外擴張。然後將雙手改放在身體兩側貼著肋骨下端，深吸一口氣，感覺像氣球一樣的肺部正把浮肋往外側推展。

每天晚上睡前請在床上練習五分鐘橫膈呼吸法，隔天早上醒來第一件事就是再練習五分鐘。**晚上練習有助舒緩、鎮定神經，容易入睡；早上練習則能讓你頭腦清晰、感覺煥然一新。**如果你確實認真練習，不僅是發聲會取得長足進步，還可以延年益壽。歌劇聲伶與聲樂老師向來以長壽聞名，偉大的男高音嘉西亞（Manuel Garcia）活到一百零一歲，他將大部分功勞歸於這套日常的深呼吸運動。

第 2 章

自信不會憑空而來，而是來自萬全準備

「讓自己獲得信心最好的方法，就是全心準備一道自己真心想要討論的主題，這樣，失敗的機率就很低了。」

——Frank C. Lockwood & Clarence De Witt Thorpe, *Public Speaking Today*

「不要被『相信當下閃現的靈感』這句話中斷你原本前途無量的職業生涯。最可靠的靈感之路就是萬全準備，我看過許多具備勇氣與能耐的人就是敗在不夠勤勉。熟練演說技巧的唯一心法，就是熟練你想演說的主題。」

——英國首相Lloyd George

「演說者還在準備階段時就應該寫信給朋友，表明『我即將針對這個主題演講，重點如下……』然後根據優先順序列舉幾項要點。要是在行文時發現根本沒什麼好說的，最好編個理由別出席。」

——美國作家Edward Everett Hale

「眾人推崇我是個天才，其實我所擁有的天分都來自這個關鍵：我會深入研究一項主題，讓它無論晝夜都浮現在我眼前。我會從各個方面探索並全心全意投入。所以，這種種努力就化為眾人所說的天才，但其實完全是努力與思考的成果。」

——美國財政部長Alexander Hamilton

好的準備讓你事半功倍，說話魅力渾然天成

我從一九一二年開始，每一季都會聆聽並評論大約六千篇演說，這已經成了我的專業職責和樂趣。演說者都不是在校大學生，而是頗有歷練的商業和專業人士。如果你經歷過上台前準備演說的急迫必要性，盡全力確保演說內容清楚、明確，能夠讓他人印象深刻，而且要直指重點、毫無遺漏，這種經驗肯定會在你心中刻下深層的意義。同樣，若你是聽眾，難道不會下意識被那些腦中有思想、心中有熱忱，而且能與你的身、心、靈溝通的演說者所吸引嗎？這就是演說的奧妙之處。

當演說者投入那種心理和情緒狀態時就會發現：這場演講是一場渾然天成的演出。原先的束縛變得輕盈，負擔也變得輕巧，十之八九可以發表一場萬全準備的演說。

大多數人參加這堂課程是**為了獲得信心、勇氣和自我的力量，但有些人會犯下致命錯誤，也就是草率準備談話內容**。當他們沒做好萬全準備就登台演說，無異是帶著空包彈或無效的彈藥，甚至空手就上戰場，這如何能讓一群恐懼又緊張的騎兵服從呢？也因此他們在聽眾面前無法表現得從容自在。林肯還在位時曾說過：「無論我到了多大歲數，要是站在他人面前無話可說，一定會十分尷尬。」

如果你想要獲取自信，就得做些必要的準備來實現。有些參加課程的學員沒有更仔細地準備演說，恐怕原因在於，他們不是十分明白何謂準備，也不知道如何聰明地準備，也有人推託時間不夠。因此，本章我們將徹底討論問題所在。

正確的準備方式，不只是閱讀而已

什麼是「準備」？讀書只算是其中之一，但不是最好的做法。閱讀可能有所幫助，但如果你想從書中找出許多「速成」想法，然後當成自己的觀點現學現賣轉述給聽眾，整場演說將會令人感覺好像少了什麼。聽眾或許不知道為何悵然若失，但他們也不會對演說者產生好感。

前一陣子我為紐約市的銀行高階主管群開辦公開演說課程，這些菁英成員平日公務繁忙，自然很難找到時間充分準備，或是把內心想法落實成演說內容。他們平時都在思考個人的想法、孕育個人的信念，也從自己獨特的角度看待事物，並磨練出獨有的經歷，**累積四十年的人生歷練，這正適合當作演說素材。很可惜，很多人無法看清這項優勢。**所謂「見樹不見林」，他們只能看見風吹搖曳的樹影，卻看不到整片森林。我舉例說明：

其中一堂課，輪到任職銀行的傑克森先生演說。他赫然發現，距離上課時間只剩半小時，但他卻還沒想到該說些什麼才好。他在路上買了一本《富比世》雜誌（*Forbes*），然後搭地鐵前往上課地點。他在雜誌中讀到一篇題為〈你若想成功，只有十年奮鬥期〉（*You Have Only Ten Years To Succeed*）的文章，於是一口氣讀完，不是因為特別感興趣，而是因為輪到他演說，他得硬著頭皮上場。

一小時後，他站起身，試圖針對那篇文章內容提出令人信服且有趣的觀點。

但他根本沒有消化全文，然後內化成自己試圖傳達的觀點，只做到「試圖傳達」。他努力過了，但在演說過程中，他的舉手投足、聲音語調都未能提供扎實的資訊，所以他不斷抬出作者這樣說、那樣說，結果滿場只聽到《富比世》的說法，沒聽到傑克森先生的觀點。無可避免的結果是，聽眾沒有留下深刻印象。

因此，我說：「傑克森先生，我們對撰寫這篇文章的人沒興趣。他又不在這裡，我們根本看不到他。不過我們很想知道你的想法。所以請告訴我們，你怎麼看？多一點傑克森先生，別再引述別人的說法。請你把這個主題當成下週五的演說題材，課後重讀這篇文章，自問是否同意作者的觀點。倘若你同意，想想他的建議，並根據你自己的經驗詳加闡述；要是不同意，那就說不同意，但請告訴我們原因。讓這篇文章成為你發表個人演說的起點吧。」

傑克森先生接受這項建議，重讀這篇文章並歸納出不同意作者說法的結論。這次他不再是匆忙準備演說，而是**讓想法像個小嬰兒一樣在腦子裡慢慢茁壯，自由延伸發展。**儘管他沒有察覺，這個小小孩就像他的孩子一樣夜以繼日地長大。有一次他讀著報紙，突然一個想法給了他靈感；另一次是他和朋友在討論這個話題時，突然想到一則實例。在這神奇的一星期裡，每次當他回想起這個主題，思緒就加深、加高、加長、加厚。

到了下一個星期五，傑克森先生已經將這個主題轉化成自己的觀點，就像那是他從自家礦井挖出來的礦石、從自己的鑄幣廠打造成的貨幣。他的演說比前一次精采，因為他表達出自己不同意作者的立場，唯有提出反對意見才能激起這樣的火花。

前後不過兩個星期，同一個人針對同一道主題發表兩場演說，竟能形成令人難以置信的對比。可見正確的準備工作造成多麼巨大的差異！

讓我們引述另一個例子說明如何運用個人經歷來準備：

佛林先生是華盛頓特區的學員。一天下午，他在《星辰晚報》（*Evening Star*）支持者發行的小冊子匆匆看到一些數據，然後敷衍地整理成一份講稿，上台後就開始大肆稱讚首都華盛頓特區，但內容枯燥不連貫，一聽就知道沒有經過消化。他並未充分思考這道主題，因此也沒有點燃心中的熱忱；他感覺不到自己想表達的內容是否深刻到足以說給大家聽，因此整場演說令人感到平淡無味，毫無收穫。

兩個星期後，一起事件點燃佛林先生的內心。有一名竊賊在停車場偷走他的凱迪拉克轎車，他趕緊報警並提供破案獎金，但警察說，處理這起犯罪案件很棘手。然而，佛林先生在一週前，因為停車逾時十五分鐘而被巡邏警察重罰一大筆錢，這些手中拿著粉筆的警察竟然有時間擾民，卻沒時間抓賊，讓他滿肚子火。現在他有話要說，但不是從《星辰晚報》發行的小冊子摘錄的說法，而是從親身經歷中感受到的心得，這才是活生生的情感和信念。原本他在頌揚首都的演說中得費力地逐句照唸，但現在他只要站起身來，一開口就滔滔不絕，檢討警察的字眼有如火山一樣洶湧噴發。

像這樣的演說幾乎可說是萬無一失，因為它糅合了個人經驗和反思。

造就完美演說的必要流程
——思考、蒐集、揀選、打磨

準備一場演說，當然不是拚湊記憶中完美無瑕的短句就好，也不是只要整理腦中閃過但意義不大的想法。準備一場演說，意味著要匯集你每一天的思緒、想法、信念與衝動。每一個人都充滿情感和經驗，它們深埋在潛意識中，做準備是指必須思考、沉思、回想，挑選對你來說吸引力最強的要素，然後磨亮那些要素，盡全力打造成個人專屬的圖騰。做到這些不難，只需要一點專注力並想出一個主題。

美國布道家慕迪（Dwight L. Moody）在上個世代發表了充滿靈性的歷史演說，被問起如何準備時，「毫無祕密可言。」他如此回答：

當我選擇一道主題時，會找一個大信封寫下主題名稱。我有好幾個這種信封，**每當我閱讀時看到有關主題的內容，就會把它放進信封**。我也隨身攜帶筆記本，在布道中聽到任何能深化這道主題的金句，就會馬上記下來並放進信封。我有可能任由信封放一、二年，當我要發表一場新的布道會，就會把之前累積的智慧一次派上用場。從外界蒐集來的資料，加上我自己研究的心得，讓我掌握足夠的素材。然後，我展開每一場布道時，就會從這裡摘錄一些、在那裡添加一點。我一直採用這套方式，所以布道內容從來不會變老哏。

耶魯大學學院長提高思想生產力的訓練心法

幾年前，耶魯大學神學院（Yale Divinity School）慶祝成立一百週年，在這個場合中，院長查爾斯・雷諾・布朗博士（Charles Reynold Brown）發表一系列有關講道藝術的談話，如今已收錄成冊，由麥克米倫公司（Macmillan Company）出版。在布朗博士三分之一世紀的職涯裡，幾乎每個星期都在準備演說，並且協助培訓他人，因此他的建議十分值得參考，無論演說者打算講道，或是討論製鞋工會議題，他的明智建言都派得上用場。我在此冒昧引述布朗博士的語錄：

深思熟慮你要演說的內容和題目，深入研究，直到融會貫通、足以感動他人。隨著你讓細微的嫩芽成長、茁壯，便可孕育出許多尚有發展空間的想法。

請讓這個過程持續一段時間，到星期六下午結束，最好利用星期天實際做最後準備。如果布道者心中能守住重要真理長達一個月、半年甚至一年，在講道之前可能還會有全新意義從真理中萌芽，茁壯長大。

準備時可以邊走路邊冥想，或是搭車時花點時間思考。也有人在半夜才能深入思考，但身為布道者，最好不要睡前才開始準備隔天的講道內容。話雖如此，我有時候還是會深夜爬起來，記下某一刻湧現的靈感，因為我擔心隔天一醒來就忘光了。

當你真正開始為特定題目整合所有素材時，請記下與內容和主題有關的每一個想法。請寫下你選擇這個主題時第一眼看到的事物，寫下所有現在正萌發的相關想法。

寫下想法時，只需要短短幾個足以抓住核心主旨的關鍵字就好，然後繼續在腦中搜尋更多想法，當作你沒有機會再參考別本書，這就是訓練心智提高生產力的做法。善用這套方式就可以使心智常保新鮮感、充滿創意。

請在不向外界找資料的情況下，記住所有自己思索而成的想法。你自己的想法比寶石、鑽石、黃金更能為你開展心靈，最好以碎紙、舊信箋、舊信封、廢紙或任何隨手可得的紙張寫下來，這麼做反而比刻意謄寫在精美、完整、乾淨的紙上更有效，不僅環保又省錢，想要重新排序、組織時，這些鬆散的資料反而比較容易操作。

繼續記下所有浮現在心裡的點子，並時時努力思考。但你不必急著趕完這個過程，因為它就是最重要的心智活動，正是這套做法啟發心靈，發揮真正的生產力。

林肯的萬全準備
——就算只有十句話，也要隨時反思、字斟句酌

林肯在幾十年前就採用布朗博士闡述的幾種步驟來準備演說，他在反覆斟酌內容的過程中，**隨時把意見抄在筆記本或是隨手拿到的小紙片上，東一句、西一句塞在雜亂的信封、紙堆或紙袋裡**。他把這些素材藏在帽子裡，直到有空坐下來才依照順序排列，並著手編寫、修改內容，最終精雕細琢後才交出去等著發表。

一八五八年的政治辯論期間，參議員道格拉斯（Stephen A. Douglas）無論到哪裡都反覆講述同一套內容，但林肯卻是隨時研究、思考和反省講題。林肯發現，發表新演說比重複舊演說更容易，因為演說的主題永遠在他腦中延伸擴展。

在林肯入主白宮不久前，他帶著一份《憲法》和三份演說稿到位於某家商店後方昏暗、盡是灰塵的小房間閉關。在這裡，他遠離所有人、事、物干擾，寫下就職演說。

美國內戰結束後，林肯又是如何準備在蓋茲堡（Gettysburg）的演說？遺憾的是，坊間有許多錯誤

報導，但真實的故事卻是相當引人入勝。且讓我們在此回顧：

當時負責蓋茲堡公墓的委員會決定安排正式典禮，在典禮揭幕前兩個星期，他們向林肯發出遲來的邀請，希望他屆時可以「美言幾句」。沒錯，他們就是這麼寫：美言幾句。他們寄給美國總統的信函竟然這樣措辭！

林肯立即著手準備，先是寫信給艾佛列特（Edward Everett），取得這位古典學者演說的內容副本，幾天後他帶著艾佛列特的手稿去照相館拍照，在等待的期間偷空閱讀。他思考自己的演說內容好幾天，不僅在往返白宮及戰爭部時埋頭苦思，深夜躺在戰爭部皮椅上等候電報時也念念不忘。他在一張大紙上寫好粗略的草稿，放進高聳的絲綢禮帽裡隨身攜帶。他沒有一刻忘記，也三不五時就拿出來修改。他在星期天交稿時對記者好友布魯克（Noah Brooks）說：「這份講稿還沒寫完。這不是最終版本。我已經寫了二、三套版本，但是在我滿意之前應該還會再字斟句酌一次。」

他在典禮開幕前一晚抵達賓州蓋茲堡，小鎮擠滿了觀光人潮，平時這裡的人口僅一千三百人，但一夕之間膨脹到一萬五千人。人行道上擠得水洩不通，人人動彈不得，結果男女老少都只能走在泥濘街道上。樂隊齊奏，群眾高聲歡唱內戰時期知名愛國歌曲〈約翰．布朗的軀體〉（*John Brown's Body*）。人潮蜂擁至林肯寄住的威爾斯先生家門前，對著他吟唱小夜曲，要求他公開說幾句話。不過，當時林肯清楚但不甚圓融地簡短回應：「不到明天不想說話。」事實上，夜深人靜時他還在為隔天的演說「字斟句酌一次」。他甚至還出門走到國務卿西華德（William H. Seward）下榻的鄰房，對他大聲朗讀講稿。隔天上午他用過早餐後，再繼續「字斟句酌一次」，直到傳來敲門聲，提醒他加入閱兵行列的時間到了。卡爾（Clark E. Carr）上校騎馬緊隨在林肯身後，上校回憶：「當閱兵儀式開始時，總統在馬上坐得筆直，雙眼直視軍隊總司令；但是一等到隊伍繼續前進，他的身體就往前傾，雙臂垂掛兩側，垂著頭，看起來像是沉浸在思考中。」

我們只能猜測，即使當時林肯僅發表短短十句話的小演說，他還是要再「字斟句酌一次」。有些林肯發表過的演說看得出來敷衍了事，毫無疑問是失敗作品；一旦與奴隸制度和聯邦有關時，他卻能施展超凡的力量。這是因為**他從未停止思考這些問題，而且是他感觸很深的議題**。一名曾和林肯共同留宿伊利諾州一家小旅館的友人說，隔天早上醒來只見林肯端坐床上直瞪著牆壁，開口第一句話竟是：「這個政府無法長久處於一半奴役、一半自由的狀態。」

你可能會抗議：「這些例子都很有趣，但我又沒打算成為名留青史的演說家，只想偶爾得體地在商業場合眾人面前報告而已。」

確實，我們完全明白你的需求。這套課程就是為了滿足這個特定目標，協助你與其他商業菁英做到這一點。雖然你只是想要發表幾場不做作的演說，但某個程度上來說，還是可以效法過去知名演說家的技巧，從中得到好處。

擺脫盲目準備的五大步驟

在這套課程中，歡迎你討論任何你感興趣的領域。如果可能，請自己擇定主題；但若是題目主動找上你的話，只能說你太好運了。

你當前的目標是發表簡短演說，因此請勿犯下一般人普遍會犯的錯誤——包山包海什麼都想說。就從這道主題切出一至二個角度，試圖完整陳述即可。如果你能在指定時間內發表完必需的簡短演說，那你算是很幸運。在準備你的演說時，建議遵循以下步驟：

步驟一：提早一週確認主題，自問自答

請提早一星期確認主題，這樣你才有時間在各種零散的時間思考。請花七天七夜思考；睡前請思考；隔天沖澡、開車、等電梯、等午餐、等人時請思考；請把講題當作聊天話題和朋友一起討論。

自問所有可能的相關問題，例如討論離婚，請自問離婚的原因有哪些；在經濟與社會層面會造成什麼影響；如何彌補不幸感？我們應該制定統一的《離婚法》嗎？為什麼？或者我們真的應該讓離婚入法嗎？或是讓離婚成為不可能的事？還是說應該提高或降低難度？

我們假設現在要談的主題是：為何報名參加這套課程？

你應該自問這些問題：我的煩惱是什麼？我希望從課程得到什麼？我曾經公開發言嗎？若有，何時？何地？結果如何？為何我覺得這套培訓課程對商界菁英有價值可言？有些在商界突飛猛進的人將功勞歸於他們的自信、存在感和令人信服的演說功力，我認識任何這樣的人嗎？相反地，我認識缺乏這類正向積極資產，因此可能永遠無法取得滿意的成功的人嗎？接下來，請在避免指名道姓的情況下講述那些人的故事。

你可以嘗試站起身，清楚思考長達二、三分鐘，並且假想這就是演說開始的情景。你可以思考很容易想到的問題，例如為何報名參加，再花點時間挑揀、安排與這個問題相關的素材。你肯定能夠記

住內容，因為你講述的是自己的觀察、渴望與自身經歷。

步驟二：分享小道消息，人性是最有意思的話題

再來，讓我們假設你已經決定討論你的產業領域或職業，又該如何準備？其實你已經擁有與這個主題相關的豐富材料，因此，問題在於挑揀與安排素材。請勿試圖在三分鐘內講完整個職涯史，包山包海是異想天開，而且會顯得太粗略、太零碎。請只要選定一個面向，然後延伸、放大。舉例來說，試著告訴我們，當初你是如何進入這一門特定的產業或專業領域？究竟是誤打誤撞，還是精挑細選的結果？也請稍加描述早期的掙扎、失敗、希望與勝利。**請使用富有人性的敘述方式，分享親身體驗與真實生活。如果能平穩敘述，不自我誇大，這種生活中的真實內幕都是最具備娛樂效果、萬無一失的演說材料。**

或者我們可以從另一個角度看待你的產業：產業的前景遇到什麼麻煩？你會提供剛入行的菜鳥什麼建議？

再不然請告訴我們，你平時都和誰聯絡，哪些人誠實、哪些人不誠實；你在工作上遇到什麼瓶頸、客戶如何刁難。人性是全世界最有意思的話題，如果你討論產業的技術面向等事物，很容易就會讓大家雙眼無神、腦袋放空。不過，與人有關、與性格有關的材料幾乎不會出差錯。

步驟三：不要自娛自樂，要打中聽眾需求

最重要的是，絕對不要讓你的演說成為抽象的講道，因為那會讓聽眾無聊到家。**請試著將你的演說當成為聽眾客製蛋糕，運用各種屬於你的親身實例和敘述方式來堆疊。**想想你觀察到的具體案例，以及你認為這些案例所反映的狀況。這些具體案例比抽象案例更容易記住、更容易說明，也能讓你的故事發光發熱。

以下節錄自作家富比世（B. A. Forbes）的文章，談論高階主管將責任委派給員工的必要性。請留意其中的實例，也就是關於他人的小道傳聞。

當今許多超大型企業都曾經只是個體戶，但他們多數都已經超越當年規模。原因在於，雖然每一間大型組織都是「個人延長的身影」，但現在商業和工業的規模如此龐大，即使能力最強的巨人也必須徵召聰明的同事共聚一室，協助處理所有的業務。

百貨大亨法蘭克．伍爾沃斯（Frank Woolworth）曾經告訴我，基本上多年來他都是個體戶，就在他毀了自己的健康，躺在病床上後才頓悟，要是他想讓旗下事業成長茁壯，他就得將管理責任分攤出去。

伊士曼．柯達公司（Eastman Kodak）早期階段主要由喬治．伊士曼（George Eastman）一手打理，他很有智慧，很早就打造出高效率組織。所有大廠在創辦人管事期間都走過類似一人體制的歷程，但標準石油公司（Standard Oil）卻相反，壯大後就再也不只是個體戶組織了。

銀行家J．P．摩根（John Pierpont Morgan）雖是一位成就卓越的巨人，他卻相信挑選最有能力的

合作夥伴來共擔重任才是成功之道。

我們至今仍看得到充滿雄心壯志的商界領袖希望依循一人體制經營事業，但無論他們是否願意，終究會因為現代龐大的產業規模而被迫將責任分派他人接手。

有些人談起自家商品時會犯下只談論自己感興趣功能的錯誤，演說者應該試想，哪些題材其實只能娛樂到自己，聽眾根本覺得很無聊？應該要讓聽眾出於利己動機而引發興趣。舉例來說，如果一位業務四處兜售火險產品，就應該告訴對方防火的方法；如果他是一位銀行家，就該提供一點理財或投資建議。

你在準備演說期間，**請研究一下聽眾屬性，想想他們的需求和願望。光是做到這一點就算是打贏半場戰爭了。**

步驟四：讀資料、開口問，看看別人怎麼說

如果有餘裕，準備講題時請同步閱讀書目，以便發掘他人針對同一道主題的想法、說法。這是明智的做法，但是**務必先產出第一道想法後才開始閱讀，這一點非常重要**。你也可以把需求轉告相關領域人士，就說你正在準備關於這個主題的內容，直白開口請對方協助。如果你不習慣自己做研究，得到的協助可能會讓你大吃一驚，或許是與主題有關的特定套書、概述和辯證內容，能夠提供正反雙方的論述。請善用參考書，例如：《期刊文獻讀者指南》（*Readers' Guide to Periodical Literature*）列舉本世紀至今針對各種主題所發表的雜誌文章，還有《每日郵件年鑑》（*Daily Mail Almanac*）、《百科全書》等等，

都是實用的工具書。

步驟五：用一存十，儲備資訊就是在儲備信服力

美國植物學家路德．伯班克（Luther Burbank）去世之前曾說：「我往往得培植上百萬株植物樣本才能找到一、二株優良品種，而且我還得毀棄所有的劣質樣本。」我們也應該秉持這種大刀闊斧的精神準備演說，蒐集一百道想法，最後刪去其中九十道。

蒐集更多素材、更多資訊，而不是只在意派上用場的可能性。蒐集可以增強信心，感覺更踏實；蒐集會對心智、傾聽能力與言行舉止帶來影響力。這是準備期間基本而重要的元素，然而，許多說話者無論是在公開或私人場合都經常忽略這一點。

曾出版業務與廣告相關書籍的作者亞瑟．鄧恩（Arthur Dunn）分享他的經驗：

我已經訓練過數百名業務員、推銷員和展示員，我發現，他們多數人的主要弱點，就是沒有盡可能理解自家產品，並累積相關知識。他們從來就不理解這有多重要。

很多業務員來我的辦公室聽完文章說明、一系列銷售話術後都躍躍欲試，希望馬上展現身手。但他們很多人都熬不過一星期，大多數則是撐不過四十八小時。我在培訓食品業推銷員和業務員時，都會請食品專家提供銷售員諮詢，並且要求銷售員研究美國農業部（U. S. Department of Agriculture）發布的食品成分圖表，標示食物的含水量、蛋白質、碳水化合物和脂肪含量等。我要求他們研究手中推銷的產品包含哪些成分，也要求進修課程，而且必須通過考核，更要他們練習賣給其他業務員。

我會提供獎項給表現最出色的人。

我發現，業務員一開始被要求研讀文章都會失去耐性，他們說：「我沒有那麼多時間一五一十說給雜貨店老闆聽，他太忙了。要是我說起蛋白質和碳水化合物，他根本就把耳朵關起來；但就算他真的聽了，也是有聽沒有懂。」我回答：「**那是因為你沒有搞懂對客戶有好處的所有知識，只搞懂對自己有好處的知識**。如果你了解全部的產品線，就會產生一種力量，心中充滿熱忱，讓你變得令人無可抗拒。」

幾年前，以《標準石油公司歷史》（*The History of the Standard Oil Company*）一書聞名的記者塔貝爾（Ida M. Tarbell）女士告訴我，當年她還在巴黎時，雜誌《麥克魯爾》（*McClure's Magazine*）創辦人麥克魯爾（S. S. McClure）向她邀稿，撰寫一篇有關大西洋海底電纜（the Atlantic Cable）的文章。她赴倫敦採訪主幹電纜線的歐洲經理，為這篇報導拿到充分數據。但是她並未就此罷手，希望儲備大量資訊，於是又去研究大英博物館（British Museum）展示的各種電纜；她也不只閱讀相關歷史，還走訪倫敦周邊的製造業者，親自參觀電纜的施工過程。

她為什麼要蒐集超過實際使用量十倍的資訊？**關鍵在於，她可以得到儲備的力量。那些她知道卻沒有寫出來的資訊，能為她的報導帶來令人信服的力量，增添文章精采度。**

美國旅遊作家卡特爾（Edwin James Cattell）曾對三千萬名聽眾發表演說，他豐富的經驗告訴他，特別有價值的演說會蘊含大量的儲備資料，然而演說者根本來不及在規定時間內交代完畢。但他對我說，事後回想演說過程若遺漏了重要資訊，還是自責得要命，認為這場演說是一大敗筆。

也許你會反駁：「我哪有這麼多時間做這些事？我有一家公司要經營，還要養家，外加兩隻狗……我根本沒有美國時間可以去博物館研究電纜、看書，然後白天躺在床上喃喃唸著講稿。」

親愛的讀者，我們完全了解你的情況，也體恤地為你做了一些調整。所有指定主題都是平日你三不五時就會思考的問題，練習時你也不會被要求提前準備任何形式的演說。這門說話課的練習是，你站在聽眾面前，會拿到一個簡單的即興演說主題。你將學到最實用的實踐思考，就像你在公司會議上總是會遇到這種不可避免的挑戰。

有些人想要的是學會敏捷思考、參與討論可能碰到的各種議題，對於事前準備演說興致缺缺，有時候反而比較喜歡上課聽講，並從其他發言者身上獲取靈感。這種策略適度就好，請勿過頭。你如果想要在眾人面前說話也能自由自在，外加獲得有效準備演說的能力，請實行本章提供的建議。

如果你拖拖拉拉，一心想等到有空才來準備並規畫演說內容，很可能根本等不到有空的時候。**但是跟著習性、慣例走反而很容易，請選定某天晚上八點到十點，排除所有雜務，全心全意準備演說內容**，這才是腳踏實地、有系統的做法，從今天開始試試看吧！

卡內基說話學 02

盲目準備不如用對方式！

- 當你腦中已經閃過一個想法，並有一股想說出來的衝動，你針對一場滿意演說的準備就已完成八成了。
- 真正的準備工作包括探索自己的資源、匯集並安排自己的想法，而且要珍惜、孕育自己的信念。
- 至少提前一週選定主題，利用零散時間思考、聊天討論、自問問題，寫下所有想法和實例，靈感會在各種不同的時間找上你，這是所有成功演說者的心法。
- 完成獨立思考後，如果還有時間，找幾本主題相關的書籍閱讀。請將需求告訴圖書館員或專業領域人士，他們將會提供超乎預期的幫助。
- 蒐集遠超過實際用量的資料。請蒐集一百道想法，最後刪去九十道。
- 儲備力量之道，就是知道遠比實際用量更多的內容、打造完整的資訊庫。在準備演說的過程中，請把自己當成傑出的業務員和成功的報導者。

完美發聲secret

改善發聲、隨時都能做的深呼吸練習

知名波蘭男高音雷茲克（Jean De Reszke）建議：「呼吸時帶著領帶升高。」現在就讓我們站起身，遵循他的建言行動，但**肩膀不要抬高，要挺起胸膛。將身體重心放在雙腳的腳弓，兩手置於頭頂**。現在很快地抬高雙手，但腳跟不要離地。請試著做一次，但雙臂不要使力，並且盡可能站得又直又穩。就是這樣。沒錯！做得很好！現在你站得又直又穩，請縮小腹、收下巴，並挺起胸膛。後頸不要貼到領帶。注意自己肩膀是否聳起？如果是的話，請放鬆並放下肩膀。現在請呼氣，但別讓胸膛凹下去，保持高挺直到吐完氣。

現在你準備學習正確的呼吸法。請閉上雙眼，然後深沉、緩慢、輕鬆地吸氣。請回想我們在第一章尾聲傳授的橫膈呼吸法，試著感受同樣的體驗。你會感覺到，肺部底部擴張、擴張，再擴張，直到將位於下方的肋骨推向外側；你會感覺到手臂下方的悸動、後背的伸展、橫膈膜被推到底部，像倒扣的紙碟一樣扁平——當你把手指置於胸廓柔軟的部位就會感覺到橫膈膜正在擴張，就在胸骨下方。這時請慢慢吐氣。

現在，再做一次。鼻腔吸氣。且容我再次提醒：不要抬高肩膀，也不要試著擴張肺部上半部。

保持領帶升高的高度，再次呼吸，感覺身體的中心部位正在擴張。

「我每天都在練習深度呼吸。」美籍奧地利女低音舒曼－海因克（Ernestine Schumann-Heink）夫人說。

義大利男高音卡羅素（Enrico Caruso）也是如此，他自己開發出一種非凡的橫膈膜施力法。經常有學生來找他，求教有關正確呼吸這項最重要議題的建議，他回應：「用拳頭用力按壓放鬆的橫膈膜。」然後，這位知名男高音會迅速猛吸一口氣，這股力量會迫使橫膈膜下移、身體外擴，因而頂開來自拳頭的這股壓力。

不過，除非你身體力行，否則你現在正在蒐集的正確呼吸知識將一點幫助也沒有。因此，當你走在路上時，請練習；當你在辦公室裡剛好有一點零碎時間，請練習。你專注執行某項任務約莫一小時後，請起身打開窗戶，吸進滿滿一口氣。這麼做不會浪費你的時間，而是節省時間、增強活力，而且促進健康。**這種練習不能容許經常偷懶，你若能實際遵行，就能形成習慣。**你還會開始納悶自己以前到底是用哪門子呼吸法。呼吸若只動用上半肺部，那也只能稱得上半套呼吸，這種「只做半套呼吸的人，」梵語如是說：「也只算半個人。」

如果每天遵循本書提出的指示，不僅可以改善發聲，更能降低罹患結核病的可能性，而且逃過冬季感冒的機會將大大提高。

第3章

欲成功抵達目的地，請備好你的航海圖

「有一輛車裡到處亂塞著五花八門的商品，一上路就全都混雜在一起；另一輛車井然有序地分類裝箱，方便買賣。你的腦子究竟是像哪一種？這兩者天差地遠。」

——George Horace Lorimer, *Letters from a Self-made Merchant to His Son*

「掌握問題本質的能力，與是否受教育息息相關。在大學教育中所獲得的最大優勢，就是學會紀律嚴明的思想。」

——普林斯頓大學校長John Grier Hibben

「卓越的有識之士能在我們腦中烙下印象，關鍵在於他的思考有條不紊。」

——英國詩人S·T·Coleridge

「演說家必須明白，除了『我有話要說』的渴望，也必須學會採用最好的方式表達。查塔姆、韋伯斯特和畢傑這些知名演說家不只是『我有話要說』而已，他們都十分清楚，必須仔細研究表達內容的優先順序及演繹的方式。」

——Arthur Edward Phillips, *Effective Speaking*

專家上台演說，為什麼慘遇滑鐵盧？

——架構要條理分明，演說才不會迷航

有一次，我參加紐約扶輪社（New York Rotary Club）午餐聚會，主講人是一位政府高官。由於他位高權重，所以享有高高在上的聲譽，他答應會聊聊自己掌管的部會機關最近在忙些什麼，這是所有紐約生意人都感興趣的話題。我們欣然期待他的談話，然而，那場演說的過程是這樣的：

那位政府高官確實十分熟悉自己演說的主題，而且遠超過上台演說的程度，但是他卻沒有事先規畫演說內容，也沒有好好挑選素材，甚至沒有依照順序安排重點。儘管如此，他依舊帶著初生之犢不畏虎的勇氣，莽撞、盲目地進行演說。他其實對自己的演說要導向哪個方向毫無概念，但他就是埋頭往前衝。

簡單來說，他的思緒差不多就是一鍋大雜燴，所以能端上桌的餐點也差不多。他最先端上冰淇淋，然後又把湯碗擺在我們眼前，接著是魚類料理搭配各種堅果。除此之外，好像還混搭一鍋湯、冰淇淋與上等魚排。我只能說，我從來沒見過如此頭腦不清楚的演說者。

他本來打算即興談話，但說著說著就放棄了，然後從口袋掏出一疊講稿，承認這是祕書幫他準備的內容。這份講稿顯然也不比塞滿貨物的車更有條理，他滿身大汗地翻閱這幾張紙，雙眼掃視，試圖從中找到方向或一條出路，然後依照自己期盼的姿態開始演說。但一切都徒勞無功。他向在座人士道歉，伸出顫抖的手舉杯喝水，然後又開口吐出幾句前後不連貫的句子，而且還一再重複，隨後繼續埋頭翻閱講稿……隨著時間一分一秒過去，他愈來愈無助、迷茫、困惑、尷尬。他的前額冒

出緊張的冷汗，拿出手帕擦拭時手抖得厲害。我們這群聽眾目睹他的慘敗，實在於心不忍，跟著感同身受那深深的尷尬，但這位演說者的固執勝過判斷力，他徬徨失措地硬撐，一邊埋頭研究講稿，一邊道歉然後喝幾口水。除了他之外的每個人都覺得，這場堪稱奇觀的戲碼正迅速演變成災難，所以當他終於回位就座不再苦苦掙扎時，我們全都鬆了一口氣。

這是我參加過的演說場合中最坐立難安的一次經驗，也是我親眼目睹最自取其辱、自討苦吃的演說者。

那位高官讓自己的演說情形真實體現法國思想家盧梭（Jean-Jacques Rousseau）比喻的「寫情書」：他不知道自己想寫些什麼，卻已經開始寫了，然後又在不知道自己究竟寫了些什麼的情況中畫下句點。

套用英國社會學家赫伯特．史賓塞（Herbert Spencer）的話來說，這則故事的教訓就是：「**當一個人學富五車，懂得愈多，思想就可能愈混亂。**」

正常情況下，一般人都會先設計規畫好房屋架構才開始建造，為何發表演說前卻不事先擬定粗略的大綱或計畫再開始？**演說是一趟目標確切的航程，因此必須以繪製的航海圖為指引。一開始就不知道要從哪裡開始的人，最終也不會知道要往何處去。**

我但願自己能拿著紅色噴漆罐，在世界各地公眾演說訓練班的門欄噴上法國將軍拿破崙（Napoléon Bonaparte）的名言：「戰爭既是藝術，也是科學，若非精打細算、思慮縝密，絕無成功之日。」

這句話適用於演說，也適用於射擊，只不過，演說者自己是否有意識到這一點？或者，就算意識到了，是否會採取行動實現？我敢直說，多數人辦不到。就我所知，許多演說者只花了一丁點時間規畫與安排，所花心力甚至比做一道燉菜還來得少。

如何才能最妥善、有效安排一套特定的想法？沒有親自深入探究的人，不可能得出實用的道理來。如何安排想法始終是新議題，也是每一名演說者必須一而再、再而三自問自答的問題。沒有什麼絕對正確的規則可循，但我盡力在以下舉出具體案例，言簡意賅說明我所謂的「井然有序的安排」。

一場奪得首獎的演說是這樣打造的

以下的演說內容出自上過我課程的學員，他在全國房地產協會委員會（National Association of Real Estate Boards）第十三屆年會期間發表，擊敗來自其他二十六座城市的競爭者拿下首獎。這篇講稿架構完善，全文陳述的事實皆以清楚、生動又有趣的方式安排。它蘊含一股氣魄，激勵人心，很值得一讀並詳加研究。

主席先生、各位在座的朋友們，大家好：

一百四十四年前，美利堅合眾國這個偉大的國家誕生於我的故鄉費城，所以，這座擁有此等歷史的城市具備強烈的美國精神，這種精神不僅讓費城成為全國最進步的工業中心，更是全世界最大型、美麗的城市之一，這樣的發展可謂再自然不過了。

費城擁有將近兩百萬人口，面積相當於威斯康辛州密爾瓦基市加上麻薩諸塞州波士頓市，或是法國巴黎加上德國柏林。在這塊三百四十平方公里的土地上，我們挪用最好的三十二萬四千公畝打造美麗的公園、廣場與林蔭大道，好提供市民適當的休閒娛樂場所。這是屬於全體奉公守法美國公民的良好環境。

各位在座的朋友們，費城不僅是廣大、乾淨又美麗的城市，也是全世界公認最適合工作的地點，原因在於，根據知名統計學家計算，我們擁有超過四十萬名勞動大軍受僱於九千二百家企業主，換算下來就是，在每個工作日裡，每十分鐘就生產出價值十萬美元的有用商品，全國沒有第二座城市像我們一樣有能力生產羊毛、皮革、針織製品、紡織品、氈帽、五金、工具、蓄電池、鋼鐵船舶和許多其他貨物。我們夜以繼日，每兩小時打造一座火車頭，而且搭載全國乘客的汽車，超過一半是在費城生產；我們每分鐘製造一千枝雪茄；去年，我們的一百一十五座襪類工廠為全國每一名男性、女性與孩童生產兩雙襪子；我們生產的地毯與室內小氈毯總量超過大英帝國加上愛爾蘭產量的總和。事實上，我們的商業與工業總量十分驚人，光是去年的銀行清算總金額就高達三百七十億美元，付清全國每一張自由公債（Liberty Bond，指完全由認購者自願承購的政府公債）的金額都綽綽有餘。

但是，各位在座的朋友們，雖然我們為工業大幅進步感到自豪，也為身為全國規模最大的醫療、藝術與教育中心自豪，更讓我們深感驕傲的是，我們費城擁有的獨棟房舍數量名列全球城市第一。在費城，我們擁有三十九萬七千幢獨棟房舍，要是把它們集中在一起排排站，換算下來的總長度為三千零二十七公里，可以從費城一路往西穿過密蘇里州堪薩斯市的國際會議廳，直達科羅拉多州丹佛市。

但是，我想特別請各位留意前述事實的意義，成千上萬幢房舍都是我們這個城市的勞工階級自購、自住。當一個人坐擁腳下踩踏的土地和遮風避雨的屋頂，沒有任何論述曾經公開主張，他將會受到外來的社會主義、共產主義病毒染指。

費城不是歐洲無政府亂象的沃土，因為我們的家園、教育機構和龐大的工業生態全都源自貨真價實的美國精神，它誕生在我們這座城市，更是先人的遺產。費城是這個偉大國家的母城（mother city，意指移居者被派去開發、殖民的地區），也是美國自由的發源地；這裡是製作第一枝美國國旗的城市、第一屆國會召開的城市、簽署《獨立宣言》的城市；自由鐘這座最受全民愛戴的神聖遺物激勵成千上萬男女老幼，讓我們打從心底深信，我們背負著神聖使命，但並非拜金求富，而是發揚美國精神、常保自由火焰不滅，為的是在上帝同意之下，讓華盛頓政府、林肯和老羅斯福總統成為激勵全體人類的榜樣。

我們來分析這篇講稿，看看它的架構與成效。

架構：直接破題，有頭有尾

首先，演說有頭有尾，這可是遠超乎你想像的罕見優點。它找到破題的起點，然後像野雁御風而行般順勢發展。毫不拖泥帶水，毫不浪費時間。

題材：獨特新鮮，個性鮮明

題材十分新鮮，演說者拿自己的家鄉當開場白，與其他講者做出區別，一開始就點出他的城市是這個國家的誕生地。

敘述方式：為主題貼上亮眼標籤

「它是全世界最大、最美麗的城市之一。」這是一句籠統、平庸的陳述，就這句話本身來說，根本無法給聽者留下深刻印象。這名演說者心知肚明，所以接著解釋「面積相當於威斯康辛州密爾瓦基市加上麻薩諸塞州波士頓市，或是法國巴黎加上德國柏林，」協助聽眾具象化費城的規模。這句比喻十分明確具體，並且有趣、出人意料，**為主題貼標籤，比抬出一整頁統計數據更能表達他的想法。**

接下來他宣稱費城是「全世界公認最適合工作的地點」，聽起來有點誇張吧？就像罐頭廣告台詞一樣。假如他說完之後馬上就切換到下一個重點，那這句話就不會有任何人注意了。但是他沒有這樣做，他停留在這個主題，列舉費城領先全世界的多項產品：「羊毛、皮革、針織製品、紡織品、氈帽、五金、工具、蓄電池、鋼鐵船舶。」「每兩小時打造一座火車頭，而且搭載全國乘客的汽車超過一半在費城生產。」「每分鐘製造一千枝雪茄……為全國每一名男性、女性與孩童生產兩雙襪子。」

現在聽起來沒那麼像罐頭廣告台詞，對吧？

「喔？我還真的不知道耶！」聽眾會仔細思考：「昨天我搭的車可能就是其中一輛呢，改天我來研究一下那邊的車子是不是費城生產的。搞不好我最喜歡的雪茄就是費城做的，連我穿的襪子也是吧？」

講解重點：依序前進，不重複、不回頭

演說者接下來怎麼做？跳回一開始抬出、聽過即忘的事實資料，又一次告訴我們費城規模有多大

嗎？完全不是，他堅持深入重點直到最後，等論述完畢也不回頭重提。

我真感謝這位演說達人做出了最好的示範，因為，演說者要是先講第一個重點，然後扯到第二個重點，之後再回頭講第一個，就會像無頭蒼蠅到處亂飛，只會讓聽眾聽得滿頭霧水。不過，許多演說者真的都會犯這種錯誤，他們不是依照優先順序講完第一、二、三、四、五個重點，而是像橄欖球隊隊長打暗號一樣跳著講（二十七、三十四、十九、二），通常實際上更糟，他們中間還會重複同一個重點。

但是，這位演說者**循序漸進，沒有在原地打轉、沒有反覆跳躍，也沒有突然偏左或偏右走歪，他就像講稿裡那具火車頭一樣筆直向前。**

敘述過程：分輕重，配時間

但現在他拋出全篇講稿中說服力最薄弱的一句話，宣稱費城是「全國規模最大的醫療、藝術與教育中心」。他僅點到為止，接著就加速轉向下一個重點。就這麼短短幾個字，聽眾左耳進、右耳出，他陳述的事實無法烙在聽眾腦中，淹沒在整句的字海中，完全沒激起浪花。這是想當然的結果，我們的心智又不像鋼鐵線圈，他只花幾秒鐘帶過這項重點，而且如此籠統，似乎連他自己都覺得不太重要，聽眾當然無動於衷。那當下他該怎麼辦才好？他其實知道可以仿照前文用來強化「全世界公認最適合工作的地點」這項事實的手法，但他也知道，**演說比賽就是會有裁判拿著計時器盯著他，只剩五分鐘，不多也不少，所以他要不是得在這一點避重就輕，就是得輕描淡寫其他重點。**

舉例：數據具象化，描繪畫面強化印象

接著，「費城擁有的獨棟房舍數量名列全球城市第一」，他如何讓這句話烙印在聽眾腦中？首先，他舉數字證明：三十九萬七千幢；其次，他還具象化這個數字：「要是把它們集中在一起排排站，換算下來的總長度為三千零二十七公里，可以從費城一路往西穿過密蘇里州堪薩斯市的國際會議廳，直達科羅拉多州丹佛市」。

聽眾很可能早在他講完整句之前就先忘記剛剛提到的數字了，但他們不可能忘記浮現在腦中的畫面。

結尾：動之以情，打情感牌

一般情況下，演說家不會引用這麼多冷冰冰的具體數據與事實，**但這名演說者渴望在最後階段觸動聽眾內心情感、激起高潮，所以選在這時才搬出情感訴求**。他說明擁有房舍對所謂的美國精神有何意義、譴責「外來的社會主義、共產主義病毒……無政府亂象。」他頌揚費城是「美國自由的發源地」，「自由」對美國人來說是神奇、飽含情感的字眼，讓幾百萬人願意捨棄生命去追求。這句話本身十分美好，但是當講者進一步拿出歷史事件的具體事例來佐證，聽眾心中珍貴、神聖的情感更加油然而生，效果馬上激增一千倍。「這裡是製作第一枝美國國旗的城市、第一屆國會召開的城市、簽署《獨立宣言》的城市……自由鐘……神聖使命……發揚美國精神……常保自由火焰不滅，為的是在上帝同意之下，讓華盛頓政府、林肯和老羅斯福總統成為激勵全體人類的榜樣。」這真是鏗鏘有力的結尾！

演說調性：符合主題，充滿熱忱，展現主題精神

這場演說的內容豐富，最令人欽佩之處在於語調，倘若全文是以冷靜的口吻表達，少了貫穿整體的精神和活力，很可能淪於悲傷，功敗垂成。但是這名演說者帶著最深切的真心誠意所產生的感情和熱忱演說，內容文情並茂、聲調抑揚頓挫，難怪這場演說會獲頒芝加哥盃首獎。

不知如何下筆？請參考四種範例大綱

如前文所說的，沒有什麼絕對正確的規則可以為每份講稿做最好的安排，也沒有什麼設計、方案或圖表可以一體適用所有、甚至絕大多數的演說，不過以下列舉幾個在部分情況下適用的演說計畫。暢銷書《鑽石就在你身邊》（*Acres of Diamond*）作者康維爾（Russell H. Conwell）博士曾經告訴我，他採用這套大綱建構了無數演說：

◆範例大綱一

一、陳述你想要提出的事實。

二、正反論述它們。

三、呼籲採取行動。

◆**範例大綱二**

一、舉出某資料誤解之處。

二、建議補救之道。

三、尋求合作。

◆**範例大綱三**

一、指出一種應該矯正的情況。

二、提出幾種可行的解決方式。

三、列出聽眾應該出手協助的原因。

◆**範例大綱四**

一、確保聽眾感興趣。

二、贏得聽眾信心。

三、陳述事實，告訴聽眾你的主題有哪些優點。

四、呼籲眾人採取行動的動機。（關於呼籲，在第十五章有詳細的說明。）

說話者就是研究者，務必仔細查證、釐清表達主旨

參議員貝立芝（Albert J. Beveridge）曾出版一本非常簡短、超級實用的著作《公眾演說的藝術》（*The Art of Public Speaking*）。這位德高望重的政治活動家說：

演說者必須精熟自己打算闡述的主題，蒐集、整理、研究和消化所有事實，不只是單一方面的數據，而是各個方面。而且不能把一切視為理所當然，得確定所有素材千真萬確都是事實，而不是假設或未經證實的推論。

仔細檢查、反覆驗證每一道項目，要費盡苦心研究。演說者要清楚究竟是要研究什麼？例如，是否有做到告知、指導、提出建議？演說者是否將自己視為權威？

在彙整、爬梳任何議題的事實後，自己花時間想清楚如何利用這些事實提出解方。演說者要將自己融入講稿中，這樣的演說就會具備原創性與個人魅力，這一點非常重要。然後，盡可能以清晰、有邏輯的筆調寫下想法。

也就是說，**演說者要舉出正反並陳的事實，然後提出明確的解決之道與結論。**

善用口述來修改講稿，收效更佳

美國總統伍德羅．威爾遜（Woodrow Wilson）被問到演說技巧時如此回答：「一開始，我先列出打算涵蓋的主題，在腦海中安排好它們出場的自然順序，接著，我會把那些骨幹一一接合。**我習慣以速**

記法寫下來，因為這樣真的非常省時。寫完後，一邊打字謄稿，一邊校正語句，還會補充素材。」

羅斯福則是善用外界津津樂道的「羅斯福體」修整講稿：先深挖所有事實，一一審視、判斷，然後確認從中得到的發現，最後才做結論，同時，他尋找無可動搖的確定感。

接下來，他會拿起一本便條紙開始快速口述整理，所以他的講稿時常帶有匆忙的感覺，也同時有自發性與個人精神。再來他會細細閱讀完成打字的文稿，邊看邊修改，這裡加一句、那裡刪一句，用鉛筆塗改，然後再口述整理一遍。「我從來沒享受過白吃的午餐，」他說：「一定都是勞心勞力，發揮最佳判斷並仔細規畫，而且花很長時間才做出的成果。」

他經常請評論家事前聽他口述或是朗誦講稿，而且他拒絕與對方爭辯講稿內容，因為他的心意已定，堅決不反悔。他希望對方建議敘述演繹之道，而非講稿內容。他一次又一次審閱草稿，不斷校正直到改善，而刊載在報上的版本，就是最終版講稿。當然，他沒有背下講稿，多半是事前充分準備但不帶講稿上台，因此他的演說內容常和精雕細琢的版本有出入。不過，他在口述整理與修訂上做得非常確實，因此他能依照各項重點的優先順序熟悉演說的內容，也帶給他平穩、安心和完美的感覺，其他做法都無法達到這一點。

物理學家奧利佛．洛茲（Oliver Lodge）爵士告訴我，他會迅速實際口述整理講稿，彷彿正在講台上對著聽眾演說。他發現這是一種非常管用的準備與練習的方式。

我的許多學員發現，對著錄音機口述整理自己的講稿，然後再放出來聽，這種做法頗富啟發性。有啟發性？沒錯，但我擔心有時候也會讓人信心全失，而且還會製造讓人愧疚的反效果。不過它是頗有益處的練習方式，我推薦各位試試。

最重要的是，**先實際寫下你打算演說的內容，這會督促你思考並淨化雜思，然後自然地將內容扣**

入記憶裡，另一方面，這能降低你神遊的頻率，還能改善遣詞用字。

富蘭克林精進用字、銳化構思的技巧

美國政治家班傑明・富蘭克林（Benjamin Franklin）在自傳中講述自己如何精進遣詞用字、善用文字訓練準備，以及自學整理安排思緒的做法。這則故事或他的一生都可稱得上是經典，而且有趣易讀，可說是直白簡明英語的模範，和多數所謂的文學經典大異其趣，所有人讀完都會有愉悅的收穫。我想你會喜歡我選擇的這個章節，摘錄如下：

恰好在這個時候，我偶然看到一本英國雜誌《觀察家》（*Spectator*）第三期。我之前沒看過這本期刊，於是我把這一期買下來，反覆讀了好幾遍，覺得真是有趣。這份雜誌的文章寫得很妙，我甚至想模仿它的風格，因此我選了其中幾篇文章，歸納出每段表述的要旨，接著擱置幾天。然後不看原書，用自己想得起來的合適詞句重組句子，盡可能還原雜誌內容，重新寫出一篇文章。我比較原文與我寫的複製品，修正其中錯誤。我發現，自己的詞彙庫太貧乏，或者該說是無法在需要的時候想出恰當的詞彙來。我想，假如我繼續寫詩的話，應該早就掌握這種技能了，因為詩歌要配合韻律，即使是相同的含義也要使用長度不同的詞彙，而且要講究押韻，還需要聲調各不相同的詞句，這樣就會迫使我不斷尋找同義詞，也使我記住形形色色的詞彙，這樣一來，我就能夠得心應手地運用詞彙了。於是我選出其中一些故事，把它們改寫成詩歌。一段時間後，當我差不多忘了這些故事原本的散文體之後，再把它從詩的語言還原為散文。有時候，我還故意打亂文章的內容次序，過一陣子再重新整理，設法恢復原來的排列次序，然後再開展成句子直到完成全篇。我之所以要這樣做，是為了學習如何整理、安排想法。到後來，我又比較自己寫的散文和原文，找出裡面的錯誤一一訂正。在某些不起眼的細節上，我得以改進原文的章法和語言，並為此感到十分得意。這促使我認為自己日後能成為一名不錯的作家，心裡寄予了極大期望。

演說者應該要帶著筆記上台嗎？

我們在上一章建議你做筆記，在這裡，請你把各個想法和實例寫在紙片上，當紙牌遊戲玩。把紙片依據相關性分門別類，主要的大項各自代表演說的重點，然後再將大項細分為小項，像篩選稻穀一樣剔除雜質，捨棄品質次等的稻穀，直到最後僅剩品質最精良的米。**在此提醒，就算按部就班做對各項步驟，最後也只用得上一小部分蒐集來的資料。**

演說者在發表演說之前不能停止這道篩選過程，即使到最後節骨眼，還是很有可能想到其他重點，改進並精煉之前擬好的講稿。

出色的演說者通常在事後會發現，手上共有四個版本：事前準備的版本、正式發表的版本、報紙引述發表的版本，以及他希望重新發表的版本。

雖然林肯是頂尖的即興演說家，但他正式入主白宮後，除非事先小心翼翼地寫好講稿，否則從未發表過任何即興演說，甚至也不曾對內閣發表過非正式談話。當然，他有義務反覆閱讀自己的就職演說內容，因為這份具有歷史意義的聲明遣詞用字實在太重要了，不能流於即興發揮。不過以前林肯還在伊利諾州時，他從未一邊演說、一邊翻閱筆記，「因為這樣會讓聽眾覺得厭煩、困惑。」

很多人會問：「我應該一邊演說、一邊參考筆記嗎？」

誰敢違逆林肯這位大演說家的見解，堅持在演說中看筆記？或許有人認為筆記會搞砸演說的樂趣，阻礙說話者和聽眾之間直接的接觸和親密氛圍，看筆記會讓演說感覺很刻意、不自然，阻撓聽眾感受說話者展現的信心和儲備的力量。

但我強烈建議，準備過程中務必做筆記，而且精心製作的程度應該遠超過需求。你獨自練習演說時，筆記是很好的幫助，上台面對聽眾時，把筆記放在口袋裡會令你安心。不過，**筆記的作用應該是類似錘子、鋸子和斧頭這類緊急工具，只在突然遭逢死亡威脅和災難的情況使用。**

如果你習慣演說中參閱筆記，請務必做得輕薄短小，提早到會場，將筆記立在桌面幾本書的背面，除非有必要才偷看，但盡力不要讓聽眾看到這個罩門。例如，約翰·布萊特習慣將大禮帽放在眼前的桌面上，他的筆記就靠著大禮帽置放。

有些人一上台就超級緊張，有些人過於自負，以至於完全記不住用心準備的講稿，結果使演說偏離正題，把精心排演的素材忘得一乾二淨，卡在離題的困境中。小孩蹣跚學走路時都知道要扶著家具前進，等到熟練自然就會放手，那麼，新手為何不在初登場時帶著濃縮精華的筆記上台呢？筆記就是人生智慧的一部分。

備稿大忌：切莫逐字逐句背誦講稿

切勿朗讀，也千萬不要逐字逐句背講稿，不僅浪費時間，還會帶來災難。如果這樣做，**起身演說時腦中不會是講稿內容，而是講稿中精確的語法措辭，這將造成你往回想，而不是往前想，完全違背思考的常規過程，**整場演說將會變得生硬，而且少了人性。我拜託各位讀者，千萬別浪費時間與精神在這種毫無價值的事情上。

當你進行重要的商業洽談時，會坐下來開始逐字逐句記誦即將要說出口的內容嗎？當然不會。你事前會一再反思，直到通盤想清楚為止，你可能會記下一些事實、查閱幾項紀錄，然後對自己說：「我應該要提出這幾項重點，也要舉出原因說明哪些事情應該完成……」然後你會對自己列舉原因，並提出具體案例闡述。這不就是你準備商業洽談的方式嗎？為何就不能把這一套常識做法套用在準備演說上呢？

我舉個例子：

美國內戰結束後，當南方聯軍司令羅伯特·李（Robert E. Lee）請北方陸軍總司令格蘭特寫下投降條款時，格蘭特轉頭詢問部下該寫什麼。他在自傳中回憶：「當我提筆時，本來毫無概念條款該用哪一個字眼起頭。我只知道腦子裡想的是什麼，而且想要清楚表達出來。」

格蘭特將軍根本不需要知道該用哪一個字眼起頭，因為他已經有想法和信念，而且還非常渴望能夠清楚表達出來。結果是，他輕鬆自然地突破以往照本宣科的慣例。

對任何人來說，這種改變都是好事。如果你還有疑惑，請做個實驗：揍路人一拳，當他爬起身後，你就會發現，不會有什麼無話可說的情況發生。

兩千年前，古羅馬詩人賀拉斯（Quintus Horatius Flaccus）也寫道：

「不聽片面之詞，只追求事實和思想，不請自來的說法會一擁而上。」

你在心中牢牢記住想法後，請從頭到尾完整排練演說內容，可以在散步、等車、等電梯的時候在心中默默排練。然後找一個空間演練一遍，扯開喉嚨、比手畫腳，務必注入生命力、感染力。坎特伯里（Canterbury）地區的傳教士利托（Cannon Knox Little）曾說：傳教士要講道六次，才能真正理解訊息內涵。也就是說，你必須也演練這麼多次，才能理解要傳遞的真正意涵。**練習時請想像眼前真的有一名聽眾在聆聽，務必盡可能想像這個畫面，如此一來，等你真正面對聽眾時，當下就不會覺得陌生，而只是千百回經歷中的一環而已。**

太忙沒時間練習？知名演說家的練功法門

如果你採用上述方式練習演說，恭喜你，你正在追隨許多知名演說家的腳步。

例如，勞合．喬治還是家鄉威爾斯地區的辯論社成員時，經常沿著鄉間小道漫步，對著路邊的樹木和圍欄一邊說話、一邊比手畫腳。

林肯年輕時經常徒步五、六十公里往返，就為了親身接受諸如參議員約翰．布列肯里奇（John C. Breckinridge）等知名演說家的薰陶。林肯聽完演說後激動不已，決心想成為演說家，因此他堆出一個克難講台，召集附近的工人，對他們發表演說、講述故事。雇主氣炸了，認為林肯的笑話與演說術正在帶壞其他工人。

英國第一財政大臣艾斯奎胥（Herbert Henry Asquith）加入牛津辯論聯合會（Union Debating Society）後積極活躍，因而發現自己的天分，後來還創辦自己的社團。伍德羅．威爾遜是在辯論社學會演說術，畢傑與愛爾蘭裔英國政治家艾德蒙．伯克（Edmund Burke）也是如此。

你若深入研究知名演說家的職業生涯，就會發現一個共通點：他．們．都．勤．於．練．習。以我的觀察來說，參加課程進步最快速的學員，也是最勤奮練習的人。

沒時間練習？沒關係，那就學學大律師喬瑟夫．喬特（Joseph Choate）的做法。他會買一份早報，然後在上班途中埋首閱讀，以免旁人打擾。但是他不是在讀報上的八卦，而是在思考、規畫他的演說內容。

強西．戴普身為鐵路公司總裁與美國參議員，每天公務纏身，在百忙之餘仍每天晚上都發表演說。「我沒有讓公務耽誤我的演說工作，」他說：「因為傍晚我從辦公室回家的路上，就已經全部準備好了。」

我們每天都有三個小時可以隨心所欲安排想做的事，這是生物學家達爾文（Charles Darwin）的經驗談，因為這是他體力負荷的極限，但由於他明智地善用每天八分之一的時間，最終名留青史。老羅斯福入主白宮時經常空出整個上午，馬不停蹄地參加許多場五分鐘會議，不過總會帶著一本書，用來填補各場會議之間的小空檔。

如果你總是忙得不可開交，被時間追著跑，不妨讀讀英國作家阿諾．班奈特（Arnold Bennett）的著作《從準時下班開始》（*How To Live On Twenty-Four Hours A Day*）。你可以撕下前一百頁，放在口袋，一有空就拿出來讀個幾頁。我自己就是採用這個方法兩天讀完這本書，它會告訴你如何節省時間、如何在一天內做得更多。

你得放輕鬆，改變日常工作型態，這才是你練習演說的實踐之道。可能的話，每週找一天和有相同目標的人碰面排練；如果實在抽不出空，就請家人充當這場即興演說的聽眾。

玩出臨場應變力
——卓別林最愛的抽籤遊戲

眾所周知，美國演員道格拉斯．費爾班克斯（Douglas Fairbanks）與卓別林收入豐厚，所以享有找樂子的餘裕，不過，他們喜歡用即興演說打發時間。

以下是幾年前費爾班克斯向《美國雜誌》（*American Magazine*）透露的趣聞：

我們幾乎有兩年都在玩抽籤即興演說的遊戲。瑪麗．畢克馥（Mary Pickford，加拿大女星）、卓別林和我分別在紙條寫下一個詞彙，摺好然後打散順序。接著我們各抽一張紙籤，無論抽到哪一個字眼，都要起身當場即興演說一分鐘。我們從不重複相同的主題，總是寫下各式各樣的新奇字詞，因此這場遊戲才能常保新鮮感。我記得有一晚，其中有兩張紙籤上頭各寫著「信念」、「燈罩」，我抽到「燈罩」。要花一分鐘聊燈罩，那真是我覺得最困難的一場即興演說。不信的話，你自己試試看就知道。我勇敢開場：「燈罩有兩種用途。一種是調整刺眼的強光變得柔和，另一種是裝飾功能。」除非有人比我更深入了解燈罩的作用，否則講到這裡大概就詞窮了。我硬是撐完六十秒鐘。但重點是，自從我們三人開始玩這種遊戲，已經磨練出應變的功力。我們知道更多五花八門的主題，但更棒的是，我們邊玩邊學著在任何時候都能整合任何主題的知識與想法，然後精簡扼要地表達，我們正在學習隨機應變。玩了近兩年依舊樂此不疲，那就表示我們還有很大的成長空間。

卡內基說話學 03

一場好的演說來自審慎製圖與實際試航！

- 發表一場演說就像開展一趟航程，必須以事先繪製的航海圖為依歸。演說者若一開始就漫無邊際胡扯，最終收尾也只會毫無重點。

- 對於安排演說的內容與架構，沒有什麼絕對正確的規則可循，但每一場演說必須提出特定的問題。

- 演說討論重點時應該從頭到尾完整陳述，避免回頭重提或是順序跳躍。

- 針對演說主題提出正反兩方論述的所有事實，必須蒐集、整理、研究並消化所有資料，還要查證正確性，然後，花時間想清楚如何利用這些事實提出解決方式。

- 先深挖所有資料，判定資訊真偽，然後快速以口述完成初稿，接著修訂成文字版，然後再重新口述整理一遍。

- 可能的話，請拿錄音機口述你的講稿，然後聽聽自己怎麼說。

- 請避免演說時看筆記，最重要的是，千萬不要照本宣科誦讀講稿，沒有聽眾能忍受演說者唸稿演出。

- 當你想通、安排好講稿內容，散步時請在心中默默排練。同時也請找個獨處的空間從頭到尾演練，記得加上肢體動作，也把身心都放開來。想像自己正對著活生生的聽眾演說。你愈能逼真想像這幅畫面，當你真的站上講台那一刻就愈能感到放鬆自在。

完美發聲secret

不再緊繃的全身放鬆術

舒曼－海因克夫人說：「美聲毀於壓力，恐怕多於其他原因。歌手必須時時保持輕鬆狀態，但不代表有氣無力，也不代表在演出前允許渙散。就歌手而言，放輕鬆是一種輕飄飄、無拘無束又毫不緊繃的美妙狀態。每當我放輕鬆的時候，會感覺身體的每一顆細胞都像是飄浮在空中，沒有一根神經緊繃。」

舒曼－海因克夫人雖是在談歌唱，但同理適用於演說。她說緊繃會毀了歌喉，但在繁忙現實中，還有什麼是比全身緊繃、神經緊張更常見的反應？緊繃會透過聲音一五一十傳達出來，就像反映在臉上一樣明顯。「放輕鬆！」這句話應該當成我們的格言。「放輕鬆！」這句話應該當成我們的信仰。知名歌劇男高音玻恩奇（Alessandro Bonci）曾說過，放鬆是保養美聲的祕訣。

我們該如何養成放鬆術？首先，學會全身放鬆。你的整副身骨就好比是聲音的共鳴板，以鋼琴來說，即使是像外殼螺絲鬆動這種最細微的小缺陷都會影響音調。正由於你的聲音會被全身上下的組織影響，只要有某一處緊繃就會削弱它的完美。

該怎麼放鬆？很簡單，就是放鬆。就這樣。**放鬆不是該做什麼，而是什麼都不該做；不是你該出什麼力，而是完全不出力；**請將手臂直直抬起往前伸，然後放鬆地垂下……當手臂垂下來，是不是會像鐘擺一樣在身側前後晃動？如果手臂完全沒有晃動，那就表示你根本沒有放鬆，而只是把它們放下來。請重新試一次……這次有沒有比較好？

每晚就寢時，請打平背部練習我們在前面兩章討論過的橫膈深度呼吸法。不過在開始橫膈深度呼吸法之前，請先放鬆。徹底放鬆你的全身，感覺自己像沒有生命的羊毛。請試著想像，原本在手臂、雙腿、頸椎的所有能量都流入身體中央，你應該會覺得超級放鬆，因此下顎不由自主張開了。請感覺攤放在床上的手臂、雙腿與身體都變得沉甸甸，最好是重到似乎沒有生命力，連你想用力抬起來都辦不到，感覺自己全身懶洋洋。現在，開始緩慢、自然地深呼吸，儘管放軟、放鬆、放空。

確實，日復一日的擔憂、煩惱、焦慮，可能會像蚊群過境大腦一樣糾纏、騷擾你，搞得你整天神經兮兮。**要是這樣，請比照驅蚊做法釋放這些負面想法。對自己說些暖心鼓勵驅散它們：「我很放鬆。我徹底放鬆。我覺得好像沒有力氣抬起雙臂。我徹底放鬆。」**

維持這種想法，配合深呼吸的節奏，應該可以很快就讓你昏昏欲睡了，你將開始輕飄飄地蕩入深沉夢鄉。這種層次的睡眠使人放寬心，持續將很有益處。

當你發展出這種放鬆的愉悅感時，請試著將它導入日常生活中。當你演說時，請試圖感受舒曼-海因克夫人引吭高歌時的狀態：「我感覺身體的每一顆細胞都像是飄浮在空中，沒有一根神經緊繃。」

你要是做得到，也學會正確呼吸術、控制吐納，那你就踏上了養成美聲的康莊大道。

第4章

懂得使用超強記憶法，是你脫穎而出的關鍵

「我敢說，商人最迫切的需求是耐操的記憶力。」

——美國紐約大學教授E. B. Gowin，*Developing Executive Ability*

「在商界打滾，最讓人抓狂、代價最高昂的事就是健忘……無論一個人從事哪一行，記憶力終將獲得具有無與倫比價值的肯定。」

——*Saturday Evening Post*

「能將學到的知識留在腦中的人，是為了實現目標、永遠向前邁進的人，與此同時，他身邊的同儕卻花費大把時間一邊溫習舊有知識，一邊卻又過目即忘，最終只能維持某種程度的水準。」

——心理學教授William James

「每當我打算談論重要大事時，就會思考希望留給聽眾什麼樣的深刻印象。我不會寫下我認定的事實或主張，但會在三、四張便條紙上做筆記，一旦腦子裡浮現論點和用來佐證的事實就寫下大致輪廓，等我演說時就任憑這些字眼在適當時機脫口而出。有時候為求準確，我會寫成短文，但大部分只會寫下總結的關鍵字或文句。」——John Bright

善用記憶力三大自然法則，拯救你的記性

你是記性不好的人嗎？如果是這樣，你必定常常覺得人際、商務進展困難重重。本章將闡述並解釋記憶力的自然法則，也談論記憶力在實際面及演說場合的應用之道，你會很有興趣一再反覆閱讀本章，而且收穫滿滿。

所謂「記憶力的自然法則」十分簡單，就只有三個法則，而且每一套所謂的「記憶系統」都奠基於這三個法則之上。簡單來說，**這三個法則就是：印象、重複和聯想。**

記憶的首要任務，是對你希望保留下來的事物留下深刻、生動和持久的印象，因此，你得全神貫注。老羅斯福的超強記憶力讓有緣一見的人都留下深刻印象，這座記憶庫容量超凡，是因為他若對一件事物產生一道印象，就像鏤刻在鋼板上難以磨滅。他持之以恆、不斷練習，訓練自己在混亂的環境下也要集中注意力。例如：

一九一二年，羅斯福建立的進步黨（Bull Moose Party）在芝加哥舉行大會，他的總部設在國會飯店（Congress Hotel）。群眾穿過大街小巷湧向飯店，人群狂吼、樂聲震天、政客來來往往、會議馬不停蹄、協商輪番上陣。這一切都會讓平凡的普通人無法專心，但羅斯福坐在客房的搖椅上，彷彿沒聽見外面的喧囂，埋首讀著古希臘歷史學家希羅多德（Herodotus）的著作。有一次他旅行經過巴西荒野，傍晚時他雙腳一著地，馬上在大樹下找到一小塊乾爽地皮，坐在小椅子上就讀起英國歷史學家愛德華．吉朋（Edward Gibbon）的《羅馬帝國衰亡史》（*Decline and Fall of the Roman Empire*）。他立即沉浸在書中，以至於完全沒察覺到下雨、營地的噪音和活動，也聽不見熱帶森林的聲響，難怪他會記

得自己讀過的內容。

帶著拚命般的能量聚精會神五分鐘，遠比整天東摸西摸更能產出成效。正如畢傑所說：「緊湊的一小時，勝過放空的數年。」伯利恆鋼鐵公司（Bethlehem Steel Company）總裁葛瑞斯（Eugene Grace）也說：「在我學到的經驗裡，有一點遠比其他事更重要，我每天都要練習的技巧，就是全神貫注於手上的工作。」

專注是獲得力量的祕訣之一，尤其是獲得記憶力。

發明家愛迪生（Thomas Edison）與他的二十七名助理有半年的時間，每天走同一條路往返燈泡工廠與研究室，路邊有一株櫻桃樹，但當他問所有助理時，竟然沒有半個人意識到樹的存在。

愛迪生察覺到：「普通人的大腦，並未覺察眼睛觀看到的千分之一。我們真正的觀察能力如此差勁，真是令人難以置信。」

若我們向某人介紹自己的二、三位朋友，兩分鐘後他可能完全想不起來任何一人的姓名。怎麼會這樣？因為他從一開始就沒打算用心認識對方，也從沒有精確地觀察過對方。他可能會說他的記憶力很差，不對，是觀察力很弱。這就好比在霧中拍照的效果很爛，他不怪罪相機，卻期望自己的心智在某種程度上保留朦朧和模糊的印象。當然，想也知道辦不到。

約瑟夫．普立茲（Joseph Pulitzer）先生接掌《紐約世界報》（*New York World*）期間，曾在編輯部每一名員工的桌子上置放三個字：**準確性**、**準確性**、**準確性**。

準確地聽進去對方的名字，並記住，這就是我們想要的結果。你可以請對方重複一次姓名並確認正確寫法，他會因為你流露出興趣感到受寵若驚；你自己則因為用了心思，牢記對方大名，也因此能夠建立一道精確的印象。

林肯透過大聲誦讀來加強記憶，他從學生時期就養成這個習慣，總是大聲誦讀自己想記住的每一件事。每天早上，他走進律師事務所後就躺在沙發上，將腿蹺在旁邊的椅子，然後大聲唸出新聞，甚至時常惹毛合夥人。林肯解釋：「**當我大聲朗讀時，兩種感官都能同步理解：首先我會讀進去我所看到的內容；其次，我也會因此聽進去，這樣我就能記得更清楚。**」

林肯的記憶持久度異於常人，他說：「我的記憶就像一片鋼板，硬到難以刻上痕跡；但只要刻得上去，幾乎不可能抹除。」

記憶的自然法則一：用不同感官留下印象

運用兩種感官是林肯用來刻畫記憶的方式，**你也可以自行開發一套做法，不僅是眼看、耳聽，更理想的方式是加上觸碰、聞嗅並品嚐你想記住的事情。**

最快速有效的方法是用畫面記憶，我們是眼見為憑的動物，視覺印象會留存。我們經常會記不得某人的名字卻想得起對方的臉，因為連結眼睛與大腦的神經，是連結耳朵到大腦的二十倍。俗話說：一圖勝萬語。記下你想要記住的姓名、電話號碼、演說大綱。細細詳閱，**閉目回想，讓那些文句像跑馬燈一樣在眼前出現。**

馬克．吐溫在發覺運用視覺記憶力的方法後，從此拋開多年來阻礙演說的筆記本。以下是他講述的故事：

日期很難記，因為它們是由數字組成：數字的外型單調乏味，沒辦法讓我們的眼睛看完後形成印象。但畫面可以讓日期留存，也幾乎可以讓任何東西留存，特別是自製的畫面。自製畫面是關鍵，我從過去經驗學到這一點。三十年前，每晚我都會發表一篇事先背好的演說，所以都得寫一張筆記稿，免得自己搞混。這些筆記涵蓋每段的開頭，每篇約十一句，例如「當地的氣候……」「在當時這是一種習俗……」「但在加州從未有人聽過……」

這些句子的開頭為這場演說開場，也防止我疏漏。不過，雖然我用心撰寫，但它們寫在紙上看起來都差不多，沒有構成畫面，我從來沒有確切記下句子的出場順序，因此總是得隨身攜帶筆記，三不五時就要瞄一眼。有一次我不曉得把筆記放到哪裡去了，你絕對無法想像當晚有多麼慘不忍睹。後來我想通了，應該要發明其他保護措施，所以我就花了點心思想出十個句首字，並依照重要性排好順序，好比「當、在、但」之類的。我把十個字寫在十根手指上，然後上台演說。但這招也不是太管用，我的眼睛一直飄向手指，然後再移開。因為不能邊講邊擦掉寫在上面的字眼，結果到後來我也不太確定到底剛剛看的是哪一根指頭。最後演說本身當然算是成功，但同時也引起聽眾好奇，認為我對手指的興趣似乎高於演說主旨，甚至有幾名聽眾後來還好心問我手怎麼了。

就是在那個時刻，我想到圖畫這個點子。我拿起鉛筆花了兩分鐘畫出六張草圖，取代原來十一個提示句的作用。這套做法非常管用，解決我記不起來的煩惱。我每次一畫完就丟掉，因為隨時閉上雙眼也看得見它們。那場演說已經過了二十年，內容早就忘光，唯獨我畫的草圖還歷歷在目。

以下我將用先前提到的故事，來示範圖像記憶法。

首先，我依照重點順序畫圖記憶：先是看見羅斯福閱讀歷史書籍，窗外卻是群眾叫囂、樂團演奏；然後我看見愛迪生正緊盯著一株櫻桃樹；我也看見林肯大聲誦讀報紙；我想像馬克・吐溫一邊對著聽眾演說，一邊舔掉手指上的墨水。

那我接下來如何記住畫面的順序？編號一、二、三、四嗎？當然不是，那會變得太複雜。我是**把數字聯想為圖畫，選擇發音和編號接近的例子，然後組合畫面編號和重點**，像我是這樣聯想：

一（one），英文發音近「跑」（run），所以我畫出置身客房的羅斯福，雙腳橫跨坐在賽馬上一起跑。

二（two），我取音近的「動物園」（zoo），所以將愛迪生盯著的櫻桃樹畫在有熊的籠子裡。

三（three），發音聽起來像「樹」（tree），所以我畫的林肯是趴在樹頂上，對著合夥人大聲誦讀。

四（four），我聯想成「門」（door），就畫一扇門洞開，馬克・吐溫倚靠在門邊，一邊對著聽眾演說，一邊舔掉指上墨水。

你讀到這裡，一定覺得這種方法很荒謬。確實如此，但**這正是它發揮作用的原因之一，因為我們相對容易記住奇怪、荒謬的事情**。我如果只想靠編號強記各項重點的順序，很容易漏掉。但是前述這套系統幾乎不可能忘得了。當我希望回想第三點時，只要問問自己樹上有什麼風景，眼前自然就會出現林肯身影。

你也可以實驗這個方法，請花幾秒鐘記住你可以聯想到數字的畫面。例如，編號十（ten）的重點如果是風車，你便可以聯想到「鋼筆」（pen）、「母雞」（hen）等發音相近的字彙，想像自己看到坐在風車上的母雞，或者風車將墨水引入鋼筆中。當你被問到編號十的物品是什麼時，千萬別聯想十這個數字，只要問自己母雞坐在哪裡就好。你可能懷疑這一招是否真的有用，但試試無妨，至少你會發現還滿好玩的。

記憶的自然法則二：間歇重複練習

全世界規模最大的大學之一是埃及開羅的艾資哈爾大學（Al-Azhar University），這間伊斯蘭機構一共擁有二萬一千名學生。招生考試要求每一名申請人都要背誦《古蘭經》，篇幅與《新約聖經》相當，背誦一回就要花上三天！而所謂「學究」，也必須熟記宗教和古典書籍。他們為何能擁有如此驚人的記憶力？

這就要提到「記憶的第二項自然法則」：重複。

如果你重複的頻率夠高，就幾乎可以記住無窮無盡的素材，知識愈頻繁使用就愈常與你同在。我建議你回顧想要記住的知識，然後實際應用它；在你與他人的對話中加入新認識的字彙；如果你想要記住某個陌生人的姓名，請直呼對方姓名；與他人談話時，請討論你將在公眾演說中陳述的重點。

要做到有意義的重複，僅是盲目、機械化地死記硬背絕對不夠。要動腦筋反覆練習，善用我們的心智運作特徵。舉例來說，德國心理學教授赫曼・艾賓浩斯（Hermann Ebbinghaus）交給學生一長串諸如「deyux」、「qoli」等毫無意義的音節，要他們背起來。他發現，在三天內反覆記憶三十八次的學生，與一次做六十八回反覆記憶的學生，可記住的詞彙數目是一樣的，許多實驗也顯示相似的結果。

這是關於記憶如何運作的一個重要發現：反覆練習的過程可藉由適當、間歇的分隔訓練，達成花兩倍時間一樣的效果。

這種現象是心智的特殊性，有兩個原因：

首先，**在前後重複練習的間隔期間裡，我們的潛意識心智正忙著鞏固記憶的連結**。正如詹姆斯教授睿智的評論：「我們在冬天學會游泳，在夏天學會滑雪。」

其次，**讓大腦間歇性完成任務，便不會因為持續使用疲憊不堪**。阿拉伯民間故事集《一千零一夜》（*Arabian Nights*）譯者理查德．波頓（Richard Burton）爵士精通二十七國語言，說得就像當地人一樣流利，但他承認，自己每次研究或練習任何一種語言從未超過十五分鐘，「因為，超過十五分鐘後，大腦就失去新鮮感了。」

演說的準備工作也一樣，若你沒有間歇練習，直到出場前一晚才臨時抱佛腳，你的記憶不可避免地只會發揮一半效率。

就「遺忘」這項功能來說，這是一項非常有用的發現。心理學實驗一再顯示，我們學到新事物後，在最初八個小時忘記的總量，會比接下來的三十天還要多。這真是驚人的比率！因此，在你出席商務會議或發表演說之前，請記得再度檢視手上的資料並重新喚回記憶。

記憶的自然法則三：用聯想串起記憶

第三個法則是回溯過往不可或缺的重要元素。事實上，這點正足以解釋記憶本身。以下是詹姆斯教授分享他睿智的觀察：

我們的心智像是一具到處連結牽線的機器。假設我沉默片刻，然後發聲說出：「記住！回想！」

你的記憶是否就會服從命令並從過去經驗中重製任何明確形象？當然不是吧。記憶會回問：「你希望我記住什麼事情？」一言以蔽之，記憶需要你給提示。但是倘若我說，記住你的出生日期，或今天的早餐內容，抑或音階中的連續音符，記憶能力就會立刻產生所需結果，這是因為提示具有決定挑出特定要點的龐大力量。提示本身與等著被回想起的事物息息相關：「我的出生日期」這幾個字攸關特定的年、月、日等數字；「今天的早餐」則是留下指向咖啡、培根與雞蛋的連結，其餘則全都斷線；「音階」則是和 do、re、mi、fa、so 如影隨形。

事實上，聯想的法則主宰我們所有的思考，這些思考不受外部感官刺激影響。無論我們心中想到什麼，都需要得到導引，而這種導引就是使之與某樣已存在的事物連結。

記憶訓練取決於有組織系統的聯想，好處有兩大特點：其一是聯想的持久性，其二是數量。「超強記憶力之祕」就是與我們希望保留的每一件事，形成多元、多樣聯想力的祕訣。簡單來說，具備同樣外在經驗的兩個人，誰最用力反思自身經歷，並將之以最系統性的方式相互連結，將是擁有最佳記憶力的人。

但我們如何著手將事件交織成有系統的關係？答案是：**找出其間的意義、仔細思考兩者之間的關係。你可以針對某件事自問自答以下問題，這個問答過程便有助你將該事件與其他事實交織在一起：**

一、為什麼會這樣？（Why）
二、怎麼會這樣？（How）
三、什麼時候變成這樣？（When）
四、在哪裡變成這樣？（Where）

五、是誰這樣說？（Who）

舉例來說，假設這件事是某個陌生人的姓名，而且還是普通的菜市場名，我們或許可以將它與某一位同名的商界朋友兜在一起；另一方面，要是這個姓名很特殊，那就找機會說出來。這種做法常常會讓對方願意多談姓名。例如我在撰寫本章時，經介紹認識索特（Soter）夫人。我請她提供姓氏的正確寫法，並順口評論這是個特別的姓氏。「沒錯，」她回答：「這個姓氏非常罕見，是個希臘字，意指『救世主』。」然後她聊起先生的家人都是來自雅典，而且個個是政府裡的高官。我發現，想讓他人開始聊起自己的名字還滿容易的，而且這麼做總是能讓我記住對方。

另外，請仔細觀察陌生人的外表，注意對方的眼睛與頭髮顏色，仔細觀察他的特徵；留意他的穿著打扮，細聽他說話的方式。你要做到對他的外表和個性產生一道清晰、敏銳、生動的印象，並將這些感覺與他的名字串在一起。下次這些深刻的印象回到你的腦子裡時，將有助於喚醒這個名字。

姓名、數字、關鍵字該怎麼記？

◆記住姓名的祕訣

你是否有過這樣的經驗：你已經見過某人幾次了，卻發現自己只能記住對方從事的工作，完全記不得他的名字？這是因為職業明確、具體，而且有其意義，但是他的姓名對你卻毫無意義，左耳進、右耳出。你如果想記起他的姓名，請設計一句與姓名有關而且可以與對方的職業兜起來的短語，你完全不用懷疑這種方法的功效。我曾讓二十名學員輪流自我介紹，其中一個學員立刻為每人想出一句短語連結姓名和職業，在幾分鐘內，所有人都能重複其他學員的名字。直到當晚課程結束，沒有任何人的名字或職業被忘記，因為兩者彼此聯繫在一起。以下舉幾個他想出的短語：

喬治・安世立先生（從事房地產業）：「賣房找他就安心了。」

H・畢鐸（從事羊毛織物業）：「畢鐸遇羊必躲。」

湯瑪士・戴佛列先生（從事印刷業）：「戴佛列帶你學列印。」

O・杜立特先生（從事汽車業）：「宰相肚裡能開車。」

法蘭克・高迪先生（從事木業）：「木材長在高地上。」

◆記住日期的祕訣

將新日期與早已銘刻在心的重要日期連結起來，這是記住日期最好的做法。舉例來說，如果美國人想要記住澳洲第一處殖民地是在一七八八年建成，這個年份很可能會像鬆脫的螺栓一樣飛出大腦；但若把這個年份與美國建國紀念日一七七六年放在一起，想著澳洲第一處殖民地是誕生在十二年後，或許比較有可能牢記。這種做法就像是把鬆脫的螺絲拴緊一樣，能讓記憶變得牢靠。

當你要記起一組號碼時，請一樣善用已經存在你心裡的數字。要是你硬記號碼「一四九二」，有可能還是會忘記；但若你這樣想：「就是哥倫布發現美洲新大陸的一四九二年。」想忘記便很難。

當然，你可以用已記得的各國歷史重要日期，來幫助你記憶各種數字。

試著記住以下日期與事件：

一、一五六四年，英國大文豪莎士比亞誕生。

二、一六〇七年，英國人在美國建設的第一處殖民地位於維吉尼亞州詹姆斯鎮（Jamestown）。

三、一八一九年，英國維多利亞女王誕生。

四、一八〇七年，南方聯軍司令羅伯特．李誕生。

五、一七八九年，巴黎市民攻占巴士底監獄（Bastille）。

你會發現，如果純粹機械式背誦題目資訊，然後再依照原始順序一一記下來，這麼做很容易厭倦。不過，只要把它們和一則故事連結起來，幾次練習後便可以在很短的時間內記住。當你閱讀完本章建議的方法，務必聚精會神實際練習，看看自己能否依照正確順序唸出上述題目。

◆記住重點關鍵字的祕訣

我們思考一件事有兩種方式：第一，藉由外部刺激；第二，與某件已經記在心上的事情產生連結。若用在演說，這兩種方式就是：首先，你可以藉由筆記等外部刺激，先回想起演說重點。只不過，聽眾不會想看演說者一直看筆記；其次，你可以將重點與已經記在心裡的事物連結起來，以便記住你想討論的重點。你應該依照以下邏輯安排順序：第一項重點非得導向第二項重點不可，第二項重點也得自然接上第三項重點，依此類推。

上述做法看似簡單，但你的思考能力很容易被上台的恐懼化為烏有。不過，有一種簡易、快速而且幾乎萬無一失的方法可以將你的觀點兜在一起：將重點組合成看似沒有意義的句子。以下列舉實例說明：假設你得記住「母牛、雪茄、拿破崙、房舍、宗教」這種亂無章法的重點關鍵字，由於字詞之間毫無關聯，因此很難記。現在，讓我編造天馬行空的句子將它們連成一句：「母牛抽了一根雪茄並勾住拿破崙，房舍因宗教起火。」

現在，請伸手遮住這個句子，然後回答以下問題：第三個關鍵字是什麼？第五、第四、第二、第一呢？

這一招有效嗎？很有效！我常會要求學員多加使用。**任意的多項觀點都可以採用這種方式串起來，而且句子本身愈荒謬就愈容易回想。**

忘詞救星：用接龍法製造演說鏈

儘管演說者做好萬全準備與預防措施，但在談話期間突然發現腦子一片空白，自己只能和台下聽眾大眼瞪小眼，一個字也吐不出來，這是極其恐怖的狀況。困惑與挫敗會讓自尊停擺，倘若有十秒、十五秒寬限時間，或許還有機會思考下一項重點，但站在聽眾面前，十五秒的完全靜默是一場災難。這時該做些什麼？你可以參考一位知名參議員的方法，當他忘詞時，他會問聽眾：發言夠不夠大聲？坐在後方的聽眾是否聽得到？他其實知道答案，所以並不是在要求回應，而是希望偷一點時間，在那短短幾秒鐘重整思緒，然後繼續演說。

但是，最強救生圈是：**拿上一句話的最後一個詞，或是最後描述的點子，當作稍後開口第一句話**

的開頭。在此必須事先警告，這種做法若不適可而止，將會生成一條永無止境的鏈結，好比沒有目的、永不停歇的小溪流。接下來，讓我們看看這種做法如何運作。

先想像一名演說者正在探討企業成功之道，然後他發現自己才剛說完「平庸的員工不會進步，因為他對工作興致缺缺、鮮少主動出擊」這句話，就好像一頭栽進死巷了。

「主動出擊」，請以這四個字展開新句。你可能會不知道到底該說什麼，或者將如何結束這句話，但無論如何，就以這四個字展開新句。即使表演失色，也比完全失敗還讓人滿意。

你或許可以接龍說出：「『主動出擊』意味著獨創性，獨立完成一項任務，而不是永遠等待別人告知。」這不是什麼會激盪出火花的觀察結果，因此也不會讓這場演說名留青史，但這麼做，豈不是比令人難以忍受的靜默要好嗎？剛剛說的最後一句話是什麼？「等待別人告知。」好吧，那就讓我們拿這句話再開展新句。

「老是『等待別人告知』、拒絕主動思考的員工，光是想像就讓人抓狂。」

好了，我們又完成一句了。讓我們再投入一次，這次我們得談談想像力：

「想像力，這正是不可或缺的能力。」

我們毫無障礙地成功玩了兩次接龍。讓我們再接再厲，承接上句繼續說下去。**雖然演說者在說這些陳詞濫調時完全不經大腦思考，但應該同時努力想想自己原本打算說的重點。**

這條永無止境的演說鏈，對於一時被健忘中斷的演說者來說，正是讓人滿意的救援行動。況且，這種做法還能為許多上句不接下句、死氣沉沉的演說注入活力。

- 如果希望為一樣事物開展聯想，請從各個角度思考，自問自答以下問題：為什麼會這樣？怎麼會這樣？什麼時候變成這樣？在哪裡變成這樣？是誰這樣說？

- 若想記住陌生人的姓名，可以與對方確認正確寫法。請密切觀察對方的外表，試著將名字與面貌兜在一起。自行發明短句，連結對方姓名與職業。

- 若想記住特定日期，請將之與心中既存的重要日期連結。

- 若想記住演說要點，可依邏輯順序排列，也可以發想串聯各要點的無意義短句。

- 假如在台上一時失憶，可以這樣自救：拿最後一句話的結尾，當作稍後開口第一句話的開頭，直到想出下一個觀點為止。

卡內基說話學 04

增強記憶力
就是增強說話力！

- 一般人實際發揮的天生記憶力不超過10%，卻因違反記憶的自然法則浪費其餘90%。

- 「記憶力的自然法則」有三大項：印象、重複和聯想。

- 記憶力的自然法則一：印象。你若想對特定事物留下深刻、生動和持久的印象，就得：
  (一) 全神貫注。
  (二) 仔細觀察。
  (三) 盡可能發揮感官功能留下印象。
  (四) 最重要的是留下視覺印象，因為畫面可以牢牢留在腦海中。

- 記憶力的自然法則二：重複。再三重複便能記住任何事情，不過須謹記：
  (一) 不要只是一再反覆練習，請重複一、二次就停止，稍後再回頭重來一次。每隔一段時間重複一次，反倒可以節省一次不停反覆練習的一半時間。
  (二) 我們記住一件事之後，在最初八個小時忘記的總量和接下來的三十天差不多。所以，在演說的前幾分鐘，請務必仔細閱讀筆記。

- 記憶力的自然法則三：聯想。記住任何事情的唯一方法，就是將它與其他事情連結起來。

鬆開喉嚨的發聲練習

我們在上一章中學到，緊張會削弱聲音，讓旁人聽起來不舒服。這種緊繃感通常是怎麼發生和運作的？會出現在身體的哪些部位？

毫無疑問，緊張總會燒灼同一個部位：喉嚨。這個部位的肌肉一旦緊張就會導致聲音粗糙、疲勞、嘶啞甚至疼痛。為什麼有人日復一日講個不停也不會喉嚨痛，展開密集公開演說時卻會產生這種痛苦？答案只有兩個字：緊張。

緊張的演說者使發聲器官無法正確發音，而且無法意識到喉嚨的肌肉正在收縮。一般緊張的人會深呼吸，然後胸肌使力挺起胸膛，而且通常會持續這種呼吸法。然而，當胸肌一拉緊就會壓縮喉嚨，若還想要鏗鏘有力地發聲，喉嚨的肌肉反而會更緊縮；若還想要使聲音響亮，試圖強迫自己大聲說出字句，結果將會發出冷漠、刺耳、令人不愉快、無法贏得認同的音調。

根本不該這樣做的。以下我為大家示範更好的做法。

請完全放鬆喉嚨，喉嚨應該像一道煙囪，讓空氣從肺部出發然後逸散出去。知名女高音加麗－庫契（Amelita Galli-Curci）說：「盡可能不要意識到喉嚨在用力。」甚至還有人說：「義大利歌手根本沒有喉嚨。」偉大的歌唱家沒有一位是用喉嚨演唱，這就是演說者應該使用的發聲方式。所有鎖骨上方的肌肉都應該放鬆，實際上，腰部以上的所有肌肉都應該放鬆。

要如何才能確定喉嚨達到放鬆又放開的狀態？以下介紹超簡易方法，而且一試就永難忘記。

請閉上雙眼，想像打哈欠的情境，然後感覺自己開始打一個大哈欠。你會先深呼吸一口氣，事實上，打哈欠需要好多次深呼吸。**當你完成深呼吸但尚未開始打哈欠之時，喉嚨其實已經放鬆。現在，你暫且別打哈欠，先開口說話。**若你想到「不要。」那就說出：「不要。」有沒有發現發聲音還滿悅耳的？這是因為喉嚨的狀態很放鬆。

我們在發聲方面已經學到幾堂基本課程：橫膈呼吸法、放鬆全身、放開喉嚨。

請每天練習二十次。從打哈欠開始，感覺肺的下半部充滿空氣並推動肋骨和背部，然後向下施力、壓扁我們稱為橫膈膜的拱形肌肉。現在，暫且別打哈欠，先在書中找一句話開口唸出來。

你在唸出句子時，會感覺彷彿在啜飲字字句句，但不是流向你的喉嚨，而是往上進入頭部開闊的腔室。當你透過鼻腔深呼吸時，也會感覺到頭部這個開闊的腔室。

最後一點，深呼吸後請完全放鬆胸部，感覺胸腔墊著內部空氣旋轉、駕馭其上。你的胸部放鬆以後應能乘著這股氣息，就像車體和車輪浮在充飽氣的內胎之上。假設你沒有依此方法放鬆胸部，而是使力保持抬頭挺胸，喉嚨就會收緊。另一方面，呼吸時胸部不要往下塌陷，請維持抬頭挺胸的姿勢，但不要聳起肩膀，請在吸氣期間挺胸，然後讓胸部的重量乘駕在身體中間部位的氣息之上。

第二部

成為說話高手的關鍵心法

第 5 章

用熱忱打動人心，一開口就征服全場

「誠實是口才的一部分。我們展現最真誠的自己說服他人。」

——英國散文家William Hazlitt

「天才是一種強度的體現。任何要什麼、有什麼的人都會像鬥牛犬一樣緊追獵物不放。他身上每一根神經都充滿渴望與決心。」

——National Cash Register Company業務經理W. C. Holman

「因為他盡心去行，無不亨通。」

——*Second Chronicles*

「天生熱血的人總會對接觸到的人發揮磁鐵般的影響力。」

——英國記者H. Addington Bruce

「要常保熱忱。熱忱會帶來熱忱。」

——美國演說家Russell H. Conwell

「我喜歡心中滿溢著熱忱的人。最好是有如噴泉湧現，不像泥坑沉滯。」

——Marshall Field and Company總裁 John G. Shedd

「功績生信心，信心生熱忱，熱忱征服全世界。」

——塗料公司Sherwin-Williams Company總裁Walter H. Cottingham

熱忱勝過技巧，沒有熱情是演說大忌

薛爾曼．羅傑斯（Sherman Rogers）和我曾經在同一個場合發表演說。我先上台，但倘若我有個很好的藉口就會立即離席，因為在海報上，他被稱為「伐木工演說家」。坦白說，我厭倦這一類所謂「演說術表演」的場子。然而，這一天我喜出望外，因為羅傑斯先生輕而易舉就入列我聽過的最佳演說者清單。

薛爾曼．羅傑斯是貨真價實的伐木工，大半輩子都生活在西部的大森林裡。他一無所知，對於諸多專書精心條列的公眾演說規則幾乎漠不關心。他的演說未經精心修飾，但鏗鏘有力；不曾精雕細琢，卻熱情如火；他連犯文法錯誤，而且大半內容完全脫離規則或慣例。不過這些都不是扼殺演說的大錯，缺乏效力才會讓演說搞砸。

他的演說直接取自他身兼勞動者與勞動者雇工的心路歷程，生猛而不帶一絲說書味，根本就是活生生的教材。這場演說簡直就是匍匐在地，然後伺機撲在你身上。他說出口的每一件事都是熱騰騰的心聲，卻對全體聽眾產生像通電似的影響。

每一場非凡成功的祕訣都像美國思想家愛默生（Ralph Waldo Emerson）所說：「歷史上每一場偉大運動，都是因為熱忱才獲勝。」

熱忱的英文「enthusiasm」源於兩個希臘文字詞：「en」意指在內部，「theos」意指上帝，直譯就是「上帝在我們心中」。心中充滿熱忱的人說起話來就像是上帝的化身。

熱忱是打廣告、賣商品及完成任務最有效、最重要的因素。曾是最大單一產品廣告客戶的箭牌（Wrigley Company）創辦人威廉．瑞格理（William Wrigley Jr.）一八九一年來到芝加哥時，口袋裡的資金不到五十美元，後來卻每年賣出價值三千萬美元的口香糖。他在辦公室牆上掛著愛默生語錄：「沒有熱忱，難成大事。」

說話者展現的情感會決定聽眾的態度

曾有一段時間我非常依賴公開演說的規則，時間一久，卻愈來愈信服演說本身的精神。

「口才，」布萊安先生說：「或許是被定義成一場某人清楚知道自己在說什麼的演說，這意味著他所說的內容像火焰一般熾熱……如果演說者不認真，知識對他而言毫無用處。具有說服力的演說是與眾人心靈相通，而非理智相應。演說者很難欺騙聽眾，正如矇騙自己的感情。約莫兩千年前，一名拉丁詩人貼切表達了這個想法：**『如果你想要賺人熱淚，自己就得先表現出悲傷的跡象。』**」

「如果我想作詩、寫作、祈禱或講道，」神學者馬丁．路德（Martin Luther）說：「我得先讓自己生氣。然後，當靜脈中的所有血液都翻騰不已，我的思路就會變得犀利敏銳。」

馬匹也會受到蘊含情緒的言語影響，知名動物訓練師雷尼（Rainey）說，他發現訓練中說某個氣人字眼，就可以使馬匹抓狂一分鐘，脈搏多跳十下。當然，聽眾也和馬匹一樣敏感。

我們不必非得生氣、抓狂，但情緒必須被喚醒，變得情真意切。

請記住：當演說者一開口，就會決定全場聽眾的態度。演說者必須將聽眾捧在手心，要是演說者

提不起勁，聽眾也就跟著懶洋洋；要是演說者語帶保留，聽眾也就跟著審慎觀望；要是演說者表現得像是蜻蜓點水，聽眾也就跟著敷衍了事。然而，倘若我們認真看待自己的演說，而且帶著情感、自發性、力量和具有傳染力的信念說出來，聽眾就無法隔岸觀火似的置身事外。

「儘管我們大都認為人類受理智驅動，」紐約知名演說家馬丁・利特頓（Martin W. Littleton）曾說：「但事實上，全世界的人都受情感牽引。若演說者想要表現得非常認真或非常詼諧，可能很容易失敗，但如果展現真實信念向你籲求，絕對會立於不敗之地。對他來說，無論最宏偉的演說主題是什麼，只要他個人深信不疑，他就會有訊息要傳達給你，而他的演說便會像火焰一樣熾熱。他如何包裝自身的信念也已無關緊要，唯有對你流露真誠和情感，才會真正起作用。」

演說者若懷有滿腹熱忱、熱切與熱情，影響力自然像蒸汽一般對外逸散，即使他在演說過程中犯下五百項錯誤，也不可能搞砸演說。據說，偉大的波蘭鋼琴家艾圖爾・魯賓斯坦（Artur Rubinstein）演奏時彈錯無數音符，但根本沒有人在乎，因為他演繹蕭邦作品的境界直透人心，猶如日落時分目睹火紅圓盤一寸一寸地沉沒在穀倉後方。

歷史明載，偉大的古希臘政治家伯里克利（Fericles）演說前都會先向眾神祈禱，稍後開口千萬不要說出任何毫無價值的字彙，他全心全意傳達訊息，因此直滲國人心中。美國最傑出的女性小說家之一薇拉・凱瑟（Willa Cather）曾說：**「每一名公眾演說家都應該像是藝術家，而每一名藝術家的祕密就是熱忱。這是公開的祕密，但它就像英雄主義一樣，模仿不來。」**

激情、情感、氣魄、真摯——請在演說中加入這些特質，你的聽眾便會放過其他不重要的小缺點，根本無心顧及瑕疵。歷史上，許多知名演說家各有其缺點：林肯嗓音偏高不悅耳；古希臘演說家狄摩西尼（Demosthenes）天生口吃；十九世紀英國首相威廉・彼特（William Pitt）發音含糊又難聽。然而，這些演說家都以誠摯戰勝了缺陷，他們用情感衝擊所有障礙，將之化為無形。

選題時，請選擇你最想傾吐的內容

「精采演說的精髓，」美國教授馬修斯（James Brander Matthews）發表在《紐約時報》的一篇有趣文章提到：「在於演說者真的有非常想傾吐的內容。」

幾年前，我受邀擔任哥倫比亞大學（Columbia University）演講比賽的三位評委之一，在評選過程中也領悟到了這一點：

當時有六名畢業生，每個人都接受過精心訓練，而且全都躍躍欲試，僅有一人例外。他們想要爭取的目標是獎牌，卻幾乎或完全沒有說服他人的欲望，因此選擇的主題都偏向適合演說的題材。他們對自己所提出的論點缺乏深刻的個人興趣，每一場演說都僅僅是展現演說的完美技巧。唯一的例外是一位祖魯族（Zulu）王子，他的主題是「非洲對現代文明的貢獻」。他對自己所說的每一句話都注入強烈情感，他的演說不僅僅是為了比賽，更是源於個人信念和熱忱。他演說的姿態有如代表非洲人民發言，因為真心想與聽眾分享而說得情真意切。雖然他的表現手法不如其他二、三名競爭對手熟練，但評審一致同意頒發獎牌給他。我們幾位評審認同的是他的演說如烈火般熾熱，相較之下，其他演說者好比只是在冒煙。

這一點正是許多演說者馬前失蹄的關鍵環節，他的表達動機不足以為演說帶來激情的信念、渴望與動力，因此說出來的話語軟弱無力。

「啊，說得好，」你會這樣說：「但我要怎麼做才能培養出你高度讚揚的真摯、氣魄和熱忱？」對此我有個萬無一失的建議：**絕對不要只是蜻蜓點水、泛泛空談**。任何明眼人都察覺得到演說者是否用心準備，或是真誠與否。所以，請擺脫你的慣性，投入真心準備講稿，深入挖掘並尋找埋藏體內尚未被發現的礦藏。了解事實背後的根據和原因，聚精會神，傾注其中，直到它們對你來說意義重大。在最後的分析和準備階段，則完全取決於充分、正確的準備方式，**用心與用腦準備一樣重要**。

演說之所以精采不在於冷冰冰的遣詞用字，而是演說者本人的精神和信念。請永遠記住，你是自己所發表的演說中最重要的要素，請記住愛默生充滿無限智慧的金玉良言：「**隨你想要說哪一國語言都好，唯人如其言**。」在自我表達這門藝術中，這是我聽過意義最重大的論述。

適時加入肢體動作，說話更有力

你若想讓聽眾感受到真摯和熱忱，那就站起來，滿懷熱忱地認真採取行動。別再倚靠桌緣，請立正站挺，不要左搖右晃，不要磨磨蹭蹭，身體重心不要像老馬一樣在雙腳之間挪來挪去。總之，不要表現出緊張兮兮的動作，這樣會讓人一眼看穿你渾身不自在、缺乏自信。請控制自己的身體，讓它傳達平衡感和力量感。請站起身來，像個躍躍欲試等著下場比賽的球員。讓我再次提醒：讓你的肺吸進滿滿的氧氣，充飽每一顆肺泡。請帶著你真的有極度要緊的事情得和聽眾說的神情，直視他們；請帶著教師盯著學生看的信心和勇氣，直視他們，因為此刻的你就是教師，他們坐台下就是為了聽你傳道授業。所以，請充滿信心、精神抖擻地開口演說，如同先知以賽亞（Isaiah）所說：「揚起聲來，別害怕。」

請使用手勢強調重點，別在意當下看起來是否優雅，只要考慮是否有力、不做作。現在就做，但不是為了傳達給他人，而是為了製造氣氛效果。即使你是對著廣播聽眾說話，使用手勢、比手畫腳，依然可以製造驚奇效果。當然，隔空的聽眾根本看不到你的手勢，但聽得到手勢為你製造的效果，因為它們會增強語調、整體表達的生動感與活力感。

我總是三不五時就要對著死氣沉沉的講者喊卡，然後訓練、強迫他使用自己當時未曾想過可以派上用場的手勢。強迫使用手勢可以喚醒、刺激演說者，直到他開始自發性地比手畫腳，甚至他的臉部表情都煥發神采，整體動作與態度都變得更認真、更強而有力。

認真採取行動會讓人感覺像是玩真的，「假設你欠缺美德，也要做出有的樣子。」

最重要的是，張開嘴，然後大聲說出來。美國司法部長威克山（George Woodward Wickersham）曾對我說：「一般人演說的聲音通常傳不到九公尺外。」

這句話聽起來很誇張對吧？我最近才聽過一場頂尖大學校長的公開演說，我坐在第四排，幾乎一半的內容都聽不見。某位歐洲大國大使近日在紐約聯合學院（Union College）發表畢業演說，他的談話鬆散不緊湊，以至於六公尺以外的聽眾幾乎都無法聽到。

連經驗豐富的演說者都會犯這類錯誤，新手就更不用說了。新手不習慣用整場聽眾都聽得見的音量大聲說話，所以當他鼓足活力開口說話時，會以為自己差不多是在大吼大叫，還擔心聽眾都在等著看笑話。別擔心，請採用開會的語調，但聲量放大，強化這種說話方式。就像我們肉眼可以距離三十公分閱讀小字，但若是隔著一座廳堂，就得把字體放大成加粗黑體的標題才夠。

上場前自我激勵，喚醒演說魂

一位鄉村傳教士曾經問過畢傑，如何在炎熱的星期天下午讓聽眾保持清醒，他回答：請一人手握尖棒，不時戳一下演說者就行了。

我喜歡這套經過美化的說法，太精闢了。對一般演說者來說，這句話提點的效果比十之八九探討演說術的著作更強大。

讓學員做好暖身動作、放開並任由自己放鬆，最可靠的方法之一就是在開始之前就先擊倒他，他的演說就會增添火花、精神與活力。演員都知道，登台演出前把自己搖醒多有效。魔術大師哈利．胡迪尼（Harry Houdini）會在後台跳來跳去，一邊對著空中猛力出拳，一邊和想像中的對手爭吵。有些演員會刻意找任何藉口激怒自己，好比抱怨工作人員呼吸聲太大，藉故用來增強自己的能量、追求想要的高昂精神。我曾看過演員等待上台時用力捶打自己的胸膛，我也會要學員在上台演說前捶打自己的身體，直到血液奔騰，臉部與雙眼煥發生命力。**我經常要求學員在暖身時使用激烈手勢、使盡全身的活力與憤怒重複演練幾個動作。像賽馬一樣蓄勢待發、迫不及待，這不是很理想的預備狀態嗎？**

戲劇製作人佛曼（Charles Frohman）曾說，他會選擇聘用一位演員，都是因為看中那人的活力。佛曼很清楚，重要表演或演說會消耗大量腦神經與身體能量。我曾經砍下山胡桃木，劈成圓木，也曾一次對著聽眾演說兩個小時，我發現這些任務其實一件比一件更令人筋疲力盡。甚至我聽過有個演說家侃侃而談一個半小時，來到高潮之際突然因為疲憊暈厥，渾然不知自己被人抬下講台。

有的演說家就像「披著外衣的蒸汽引擎」。「最成功的演說家，」畢傑說：「是具有強大生命力和復原力的人、是格外具有爆發力足以將演說內容推播出去的人。他們就像是投石發射器，誰遇到他們都得俯首稱臣。」

新手注意：避免使用含糊不確定的字詞

過於樂觀或沒有自信，都會成為演說的問題。請為你想表達的意念灌注能量，積極正面地說出來，但不要衝過頭，唯有無知才會過於樂觀地看待一切事物。相反地，**在句首加上「在我看來」、「或者」與「我的意見是」，又太過虛弱了。**

新手演說者面臨幾乎普遍存在的問題不是他們說得太正面樂觀，而是前述的心虛用法有損談話的力量。我曾聽過一名紐約商人這樣描述駕車駛經康乃狄克州的歷程：「車道左手邊看似有一片洋蔥田。」現在談到洋蔥時不要再加上「看似」這兩個字，有就有，沒有就沒有。看到洋蔥田又不需要什麼特殊的超能力。這種表達方式經常讓演說者聽起來很荒謬。

羅斯福稱這種說法為「黃鼠狼之詞」（weasel words，意為狡辯之詞），因為黃鼠狼會吸光蛋液，只留下空殼。這就是前述短語對你的演說所造成的影響。試想一下假如廣告採用這類口號：「在我們看來，安德伍德公司（Underwood）的機器是你最終的採購選擇。」「我們的意見是，保德信（Prudential）具有掌控直布羅陀的力量。」「我們認為你最終會購買我們家的地板，要不要現在就買？」縮頭縮腦、帶有抱歉意味的語調及空蛋殼將無法帶來太多的信心和信念。

全世界的偉大領袖總是大聲宣揚理念，好似普天之下再也沒有任何人能使他們的主張失效。當佛陀臨終時，沒有推斷原因、抱怨或爭辯，只是像個掌權者般說：「照我吩咐，行所當行。」

《古蘭經》主導著數百萬人，翻開經書立即就會看到以下這段開場白：「本書中毫無可疑，它指引一道方向。」

當有人問：「我該怎麼做才能得到救贖？」使徒的答案不是一套論述、一句模稜兩可的含糊之詞、一句「在我看來」或是「我應該這樣想」的說法，而是毫不妥協的指令：「信靠主耶穌，你就將得救。」

但是正如我所說，**請不要在所有場合都表現得積極過頭。有些時機、地點、主題、聽眾，一旦你表現得過度積極將會出現反效果。整體來說，聽眾愈是聰慧，愈單純的斷言就愈不成功。**會動腦筋思考的人希望被導引而不是被推著走，這類聽眾想要親眼見證事實然後自己推斷結論，喜歡接受問題而非源源不絕的直接言論當頭澆灌。

真心誠意對待聽眾，就像對待你的朋友

幾年前，我必須在英國聘用、培訓幾名公眾演說講師，結果花了大錢痛苦地試過幾輪後，不得不解雇其中三名，另有一名則是送回美國。他們主要的問題在於並不是真心誠意想要服務聽眾，關注的重點是自己與薪酬，其他一概不放在眼中。每個人都能感覺到他們對聽眾的態度冷淡，聽眾的回應也是稀稀落落。最終結果是這些演說者自顧自地空談、言之無物。

我們大家都可以很快就察覺到，演說本身是出於真心誠意還是虛情假意，即使是小狗也感覺得到。

我特別針對林肯這位公眾演說家深入研究。毫無疑問，他是美國有史以來最受愛戴的人物，也曾發表過幾場全國最出色的演說。雖然在某些方面他確實是天才，但我更相信他對群眾的力量很大程度得歸功於同情心、誠實和仁慈。他熱愛眾人。「他的雙臂長度過人，」林肯夫人說：「他的心胸也寬大過人。」他就像耶穌基督一樣。兩千多年前，史上第一本演說藝術相關著作特別形容這類演說者是「精於演說的大善人」。

「我的成功之祕，」知名女低音舒曼－海因克夫人說：「就在於對聽眾百分之百忠誠。我真心熱愛我的粉絲。他們都是我的朋友。當我站在他們面前那一刻，感覺和他們心神相連。」這就是她的歌聲橫掃全世界的祕訣，且讓我們努力培養同樣的精神。

一場演說最精采絕倫之處不是生理或心理感受，而是性靈提升。耶穌愛世人，當神開口說話時，他們的心靈全都燃起烈焰。如果你想要擬定一篇公開演說的精采文本，何不從閱讀你的信仰開始做起？

卡內基說話學 05

熱忱讓你立於不敗之地！

- 說話者開口演說，就會決定聽眾對內容抱持何種態度。如果你表現得提不起勁，他們就跟著懶洋洋；要是你半冷不熱，他們也就跟著不溫不火；但假設你充滿幹勁，他們肯定會想追上你的精神。熱忱就算不是演說時最重要的要素，肯定也是其中之一。
- 若是有人想要表現得非常認真或詼諧，可能很容易失敗，但如果展現真實信念向聽眾呼籲，絕對會立於不敗之地。
- 具有感染力的信念和熱忱極為重要，但大多數說話者都缺乏這些能量。
- 精采演說的精髓，在於演說者真的有非常想說的內容。
- 徹頭徹尾思考相關事實，將真正的重要性烙印在腦海中。你試圖說服別人之前，先嘗試燃起自己的熱忱。
- 在大腦和心靈之間打造一座溝通情報的橋梁。聽眾希望說話者不僅僅是提供資訊，更應該表達個人對事件的態度。
- 「隨你想要說哪一國語言都好，唯人如其言。」在演說這個領域裡，重要的不是說了什麼話，而是言語背後所代表的精神。
- 培養熱忱，感受熱忱，行動熱忱。站得挺直，直視你的聽眾。請比手畫腳強調重點。
- 最重要的是，張開嘴、說出來，讓聽眾聽得見你的說話聲。
- 不要用「在我看來」、「就個人拙見而言」這類「狡辯」字眼削弱演說氣勢。
- 真心愛你的聽眾。

學會控制呼吸，讓聲音有力不震顫

「如果此時此刻我正打算教導某個小女孩，」知名歌劇女中音克勞森（Julia Claussen）夫人接受採訪時宣稱：「我只會要求她深呼吸，然後注意橫膈膜上方的腰部擴張程度。然後要她一口氣盡可能說出最多字彙，同時要她使用與橫膈膜相連的肌肉支撐呼吸。也就是說，頂住橫膈膜，而不是推升它。這一招是為了要發揮最大聲量，而不是最大口呼吸，但是當你極力輕淺呼吸時，必須盡可能不對上下滑動的喉嚨施壓，時時保持氣若游絲的狀態……對我來說，最困難的發音是『啊』，因為喉嚨開到最大，這時呼吸氣流最難掌控，因此，我養成一個習慣，經常連續練習發出『歐、喔、啊、耶、哎』。」

雖然我們不是小女孩，也並不特別喜歡唱歌，但克勞森夫人的建議很適合改善我們震顫的聲音。

首先，如她所言，讓我們先深吸一口氣，然後開始打個大哈欠，大到像是要把哈欠嚥下去似的深入喉嚨，再來就會感覺到充滿肺泡的肺部像氣球一樣擴張；感覺到肺部將位於下方的肋骨推向兩側、後方；感覺到肺部擠壓我們稱為橫膈膜的拱型肌肉。**請專注感覺橫膈膜這塊柔軟的肌肉，使之伸展。**

現在，趁著哈欠還沒打開你的喉嚨，開始唱「啊——」，請把發聲的時間拉長到這一口氣撐不住為止。大概為時多久？端視你能多有效控制呼吸。人類的自然反應是，吸飽的氣會像刺破的氣球一樣突然衝口而出。為什麼會這樣？因為肺部有彈性，每次被撐開就會想收縮。被撐開的肺部推向兩側時，可上下調動的肋骨自然想要將空氣排出肺部。橫膈膜的運作原理亦然，除非你控制它，否則它也想要縮回原來的拱型位置，將空氣擠出膨脹的多孔肺部。

但是，如果你就此讓這口氣傾洩而出，你的聲調就會帶有氣音，不僅聽起來模糊不清，也讓人不快，更難以展現力量。那我們該如何穩住這股力量呢？「未能徹底掌控呼吸的情況下想要美聲獻唱，」卡羅素說：「簡直是痴人說夢。」在同樣情況下，演說聲調也不可能悅耳動聽。

我們該如何控制呼吸逸散？除非我們特別留意，否則控制的第一反應就是收緊喉嚨。記得克勞森夫人的說法，**喉嚨必須保持上下滑動、時時維持氣若游絲的狀態**。

喉嚨與逸散的這口氣無關，因為喉嚨並未壓迫我們擴張的肺部，所以我們應該把控制標的指向橫膈膜和肋骨這幾個部位。請掌控它們，當你開口唱出「啊——」時，讓它們輕鬆、輕柔地向下施壓。看看你能平穩地唱這個音多久，聲音不飄也不抖。

現在就讓我們嘗試克勞森夫人建議的發聲技巧，練習發出：「歐、喔、啊、耶、哎」。

第 6 章

撐過撞牆期，成功就在眼前

「無論在任何情況下，我都不容許自己灰心喪氣……實現任何有價值任務的三大關鍵要素是：第一、努力工作；第二、堅持不懈；第三、要有常識。」

——發明家 Thomas Edison

「就差那麼一小步，美好成果就與人失之交臂。」

——美國鐵路大亨 E. H. Harriman

「永遠不要絕望。但是如果你絕望了，那就要在絕望中進步。」

——Edmund Burke

「耐心是解決每一道難題的最佳方法。」

——古羅馬劇作家 Plautus

「忍耐也當成功。」

——Russell H. Conwell

「相信自己能夠克服，便能夠克服……不能每日戰勝恐懼的人，還沒學到生活的第一課。」

——Ralph Waldo Emerson

「勝利是意志之爭。」

——Napoleon

「我相信足以讓一個人貫徹始終的強烈目的性、道德完整性與自我忠誠度，是推動其思想契合巨大成功的最重要因素。」

——City College of New York 院長 Frederick Robinson

「一旦做成決定並訂為當日議程，就完全放棄所有責任，只關注結果。」

—— William James

撐過撞牆期，你的恐懼將消失

以下詩句寫於一月五日，這一天是英國探險家恩斯特・薛克頓（Ernest Shackleton）爵士逝世紀念日，一九二二年一月五日他在駛往南極的探索號（Quest）上病逝。任何登上探索號的人都會在第一時間被英國詩人約瑟夫・吉卜林（Joseph Rudyard Kipling）鐫刻在黃銅盤上的詩作〈如果〉（*If*）吸引：

如果你有夢想，而又不為夢主宰
如果你有神思，而又不走火入魔
如果你坦然面對勝利和災難
對虛渺的勝負榮辱胸懷曠蕩

如果人們早已離你而去
你仍能堅守陣地奮力前驅
身上已一無所有
唯存意志高喊「撐住」

如果你能惜時如金
利用每一分鐘不可追回的光陰
你的修為將如天地般博大，並擁有屬於自己的世界更重要的是：吾兒，你成為真正頂天立地之人！

薛克頓說，這些詩文代表探索號的精神。而且，它們也正是在啟程探索南極、培養公眾演說的自信時應該具備的精神。

但是我必須遺憾地說，這並不是所有開始研究公開演說的人所具備的精神。多年前，我剛開始投入教育工作時十分驚訝地發現，報名參加各種夜校課程的學員身心俱疲，許多人半途而廢，無法達成目標。

這是這套課程的第六堂課。我從經驗得知，某些讀到這一章的讀者正心灰意冷，因為他們並未在短短六週內克服聽眾恐懼症、獲得自信。我為他們缺乏耐心感到可惜，有什麼傷口不是一天過一天才慢慢痊癒？

當我們開始學習法語、高爾夫球或公開演說等任何新事物時，永遠都不可能穩步邁進。我們不會日益改進，而是一頭栽入，然後我們會遇到撞牆期，甚至不進反退，忘了部分先前所學的基礎內容。**這些撞牆、倒退時期，心理學家都了然於心，稱之為「學習曲線的高原期」。誰都有可能會在其中一個高原期停滯長達好幾個星期，而且傾盡全力仍無法突破。**心志不堅的人就會絕望放棄，咬緊牙根撐下去的人則會突然在一夕之間發現，自己在不知不覺中長足進步。他們好似噴射機，一舉躍過高原期，突然間就掌握訣竅，突然間就在演說時心領神會、獲得力量與信心。

正如我在本書其他章節所述，當你站在聽眾面前，前一小段時間可能總是會經歷恐懼、衝擊和緊張的焦慮。不用懷疑，即使是在聽眾面前表演無數次、成就斐然的演說家、音樂家、歌唱家，依舊會經歷這種焦躁、心快迸出來的感覺。但這一絲聽眾恐懼症發作的感覺，很快就會像八月驕陽下的霧氣一般消逝無蹤。

他們的經驗非常值得我們參考，只要你願意持之以恆，最初的恐懼很快就可以連根拔除。**這不過就是最初的恐懼，僅此而已。你一開口說話，幾句話之後就能穩穩掌控自己，然後就能帶著積極正面的感受，享受演說的樂趣。**

立下沒有退路的決心，就已成功一半

有一次，一名立志學習法律的年輕人致函林肯尋求建議，林肯回覆：「如果你是吃了秤砣鐵了心決意當律師，這樣你就成功一半了……永遠記住，有志者事竟成。」

對此，林肯深諳於心，因為他這一生就是這樣走過來的。

林肯一輩子在學校受教育的時間加總不超過一年，那他怎麼念書？林肯曾說，他借每本書都得跋涉到離家八十公里遠的地方。在他住的小木屋裡，壁爐通常會燒整晚，有時候他就藉著火光念書。他會把書塞在牆壁一道縫隙裡，只要晨光夠明亮，他就會翻下床，揉揉眼睛，然後把書抽出來，開始狼吞虎嚥似的讀了起來。

他也會走上三十到五十公里路程去聽講者演說，結束後再趕回家。他在所到之處都練習自己的演說技巧，無論是在田野間、森林裡，或是對著聚集在雜貨店外的群眾。他參加小鎮的文學與辯論社，每天練習即興演說。

然而，他在女性面前害羞又笨拙，局促不安、沉默寡言，擠不出話來，總是為此感到困擾。不過林肯不斷練習、自學，造就自己成為技巧高超的演說家。

他說：「如果你是吃了秤砣鐵了心決意做一件事，這樣你就成功一半了。」

「通常當我必須做決定時，」老羅斯福說：「尤其是牽連廣泛的難題、權利與利益衝突的燙手山芋，我就會抬頭望向林肯畫像，試圖想像如果他坐在我這個位子、當他陷入同樣狀況會怎麼處理。這番話你聽起來可能很怪異，但是坦白說，我的難題因此變得比較容易解決。」

何不試試羅斯福的做法呢？**要是你倍感挫折，亟欲放棄成為演說家，何不找一位你欣賞的演說家，自問如果他陷入同樣狀況會怎麼處理。**其實你早就知道他會怎麼做了，因為你知道他過去都是怎麼處理的。

耐心和毅力，就是你克服難題的最大利器

我多麼希望你每天早上坐在餐桌就打開這本書來讀，直到你記住知名的哈佛大學心理學家威廉．詹姆斯教授的評論：「無論年輕學子接受哪一門學問的教育，都別讓他們對結果感到焦慮。如果每個工作日的每一小時都盡心忙碌，就可以放心任由結果順勢發展。幾乎可以完全肯定地說，無論挑選哪一條路，他可以安穩地在每天醒來那一刻發現，自己是屬於能力最強的那一群。」

現在，我仗著德高望重的詹姆斯教授支持，大膽建議，要是你始終如一、熱忱有勁地完成這套課

程，並遵循正確的練習之道，就可以帶著自信，期盼某一天清晨醒來，發現自己成為稱職的演說家。

演說者成功與否，僅繫於兩件事：你的天生能力，以及渴望達到的深度與強度。

「就幾乎所有的主題而言，」詹姆斯教授說：「你對特定主題所具備的熱忱，都能助你一臂之力。如果你只關心結果，幾乎肯定就能得到結果；要是你渴望財富滿貫，就能財富滿貫；倘若你想要廣為人知，就能廣為人知；假設你想要一切順利，就會一切順利。唯獨你必須傾注全部心力和興趣，而非坐這山時卻又滿懷同樣熱忱望向那山。」

同樣道理，如果你想成為一名有自信的公眾演說家，便將成為一名有自信的公眾演說家。但你必須真心誠意想望它。

我知道成千上萬的人都在試圖找到公開演說的自信與能力，**極少成功案例的當事人是才華洋溢的幸運兒，絕大多數人都是你隨處可見的普通人，不過他們就勝在持之以恆**。只靠聰明的人容易感到沮喪，或沉溺在賺錢的野心中，因此無法長足進步；但那些平凡的人卻深具韌性、心繫單一目的，到頭來他才是攀上頂峰的贏家。

這只是人性和自然法則，同樣的狀況隨時都發生在各行各業裡。美國石油大亨洛克斐勒（John D. Rockefeller）曾說，想要經商成功，第一要素就是耐心。耐心也是演說成功的首要元素之一。

前幾年夏天，我計畫在奧地利阿爾卑斯山區攻頂。對業餘登山者來說，攻頂很困難，有一名嚮導會較容易達成。但是，朋友和我找不到嚮導，而且我們還是新手。有人問我們覺得會成功嗎？我們異口同聲：「當然會。」

對方追問：「什麼原因讓你覺得會成功？」

「也有其他新手在缺乏嚮導的情況下攻頂，」我說：「所以我知道這是合理推論。況且，我絕不接受任何會失敗的想法。」

就登山運動員而言，我其實是最笨手笨腳的新手，但是從嘗試公開演說到攻頂高山的任何挑戰，前述那番話卻都適用。

接下來，**請試想一下這套課程將助你成功，試著想像自己置身公共場合，帶著完美的自制力高談闊論。相信自己會成功，堅定地相信它，然後你自然就會採取邁向成功的必要行動。**

這裡分享一個故事：

美國南北戰爭時，海軍上將杜邦（Samuel Francis Du Pont）提出六大絕佳理由，說明為何沒有把砲艇駛入南卡羅萊納州查爾斯頓港。另一位海軍上將法拉格（David Glasgow Farragut）專注聽完後回覆：「但是還有一個原因你沒提到。」

杜邦回問：「是什麼原因？」

法拉格給的答案是：「你不相信自己能辦到。」

多數學員從公開演說課程中獲得最彌足珍貴的事，就是增強自信，外加一份相信自己能辦到的信念。除此之外，難道還有什麼更重要的元素能讓人幾乎做什麼都成功嗎？

失去信心便毫無希望，請運用想像力維持獲勝的意志

以下是美國作家艾爾伯特・哈伯德（Elbert Hubbard）的睿智建議，我實在無法不引用。要是一般人能夠就此應用、掌握涵蓋其中的智慧，就會過得更快樂，更富裕：

無論你何時走出門，請收起下巴、抬頭挺胸，吸飽滿滿的空氣，掬飲陽光，展開笑靨招呼朋友，每次握手時都注入靈魂。無須害怕被誤解，無須浪費甚至一分鐘想敵人，只須用力牢牢在腦中記住自己打算成就的大業，如此一來，無須見風轉舵也能直直朝向目標行進。專注心思在堂皇偉業上，隨著時日漸逝你會發現，自己正掌握完成志願所需要的時機。在腦中描繪出自己渴望具備的幹練、熱忱而且有用的形象，你所抱持的這道想法便會分分秒秒地使你脫胎換骨，蛻變成那一個特別的個體……思想至高無上，請保持勇敢、坦誠與快活的正確心態。正確思考就是在創造，萬事萬物都源自欲望，因此每一個真誠的祈禱都能獲得回應，我們也會變成自己一心盼望的形象。抬高你的下巴並抬頭挺胸。我們就是置身這具軀殼裡的神祇。

求勝的意志和對於能力的信心，比任何其他要素更能決定成功與否。這是所有偉大的軍事領導人都體認到的事實。敗退並非全是生理上遭受創傷，而主要是精神上受挫潰敗，因為他們已經失去勇氣與信心。軍隊一旦遇到這種現象，絕對沒有希望可言，同理，一般人若是失去信心，也毫無成功的希望。

請將以下這篇英國歷史學家羅伯特・瑟維斯（Robert Service）的詩作當作你的戰歌：

若你迷失荒野，如孩童一般懼怕

死神突然現身眼前
無可避免，你劇痛如得癬瘡

扳下左輪手槍的扳機……就此死去
但是身為男子漢自有規則，它說：「全力反擊。」
自我崩壞絕對禁止
在飢餓與禍患中，啊，崩潰輕而易舉……
難的是置身地獄仍得嚥下食物

你受夠這場遊戲了！「若然，那真是太可惜了。」
你年輕、勇敢又聰明
「你給我一場不公平的交易！」我知道，但無須高聲抗議
打起精神，使出最大努力，全力一搏
唯有堅持不懈你才能贏得一片天
所以，不要當個膽小鬼，老友！
重新蓄積你的氣魄；放棄輕而易舉
難的是抬高下巴

戰敗後掉淚很容易，死去也很容易

退縮很容易，緩慢前進也很容易
但請繼續奮戰，即使沒有希望也要奮戰
何以如此，因為這是最卓絕的一場戰役！
雖然你從每一場艱苦的回合現身時
總是支離破碎、體無完膚、傷痕累累
但只要再繼續奮戰一回合——尋死輕而易舉
難的是繼續活下去

卡內基說話學 06

堅持到最後，成功就是你的！

- 「學習曲線的高原期」可能使我們好幾個星期都停滯不前，甚至忘了先前所學的基礎內容。倘若咬牙撐過去，也就是持續不懈地練習，就會突然發現自己像噴射機一樣，一夕之間取得長足進步。

- 如果你在演說前沒有先經歷過緊張的焦慮，可能完全無法開口。但如果你堅持不懈，很快就能根絕這股初期的緊張感，而且當你開口演說幾分鐘後，緊張感就會完全消逝無蹤。

- 大部分取得成功的人都不算是天生具備非凡能力的菁英，但他們都被賦予堅持的力量和堅定的決心。他們持之以恆，最終辦到看似不可能的事情。

- 練習演說過程中請想像自己成功的樣子，然後你自然就會採取邁向成功的必要行動。

- 如果你心灰意懶，請想想你欣賞的演說家，並自問如果他陷入同樣狀況會怎麼處理。

完美發聲secret

利用顫音訓練舌尖肌肉

卡羅素將身為歌手的成就歸於舌頭非凡的控制力，加麗－庫契夫人與許多歌手也都這麼說。卡羅素持續訓練舌尖肌肉，直到它變得異常強壯、敏捷。**他讓舌根放軟、放鬆，改由舌尖完成所有工作，這是至關重要的環節。**因為舌根與喉部相連，若運用舌根肌肉，將會引發喉嚨不必要的緊張與收縮。

訓練舌尖的強度與活動能力最佳之道，就是捲舌發出顫音R，聽起來就像是不間斷地發出「得得」聲，也有點像是模仿機關槍的「噠噠」聲。我們要的不只是連續發出R音，而是要發出顫音。當響尾蛇受到威脅時，尾巴會先發出嘎嘎聲，然後才發動攻擊，你可以藉此想像舌根不動，由舌尖發出顫音的模樣。你發出的顫音應該要像啄木鳥鑿洞的速度一樣快，就像燒滾的開水在壺中翻騰的聲音。

現在讓我們開始實際練習。請開始發出R音，試著讓聲音顫抖。然後發出「啵兒」的音。把「啵兒」拉長成「啵兒——」，也可以改說「喀——」或「什——」，試試看。

接著，請開始打哈欠、深呼吸，並感受身體中間部位的活動。**在你開始打哈欠之前，請先發出顫抖的R音，維持顫音直到最後一絲氣息用盡。**這裡請採用第五章說明的呼吸控制術。

發出顫抖的R音是一門重要的練習，但請不要以為每個星期上課花六十秒鐘就能完成所有發聲練習，以為其他時間都不練習，好結果就會自然發生。「種什麼因，就得什麼果。」你改進發聲品質所必須付出的合理代價，就是練習、練習、再練習。但是，這些練習並不會耽誤你的工作，你大可每天沐浴時練習。

第7章

發掘獨特性，找到專屬說話風格

「了解事實，並擁抱事實。因為重要之事必定火熱，這股熱度來自真誠。」
——Ralph Waldo Emerson

「深究相關主題以外的知識領域有其必要性。你必須認真看待它，也必須感覺自己確實有些人們非聽不可的話要說。」
——Bryan

「願你心中的定見堅毅不搖，因為沒有人比你更忠於自己。有時候，塔上不會有七位守望者。」
—— Kipling

「一次只做一件事，全心全意一如終身所繫。」
——Bethlehem Steel Company總裁Eugene Grace

「一場最有成效的出色講道或演說，發生在講者依據有條理的思想、語氣、自發的姿勢，以及自身對主題具備渾然天成的興趣。且讓我們在日常對話中學習談吐精確、自然及懇切，如此一來，當我們站上講台，對群眾說話時就能自發、自然地表達自己。我們理當在演說時忘記自己正在『滔滔雄辯。』」
——Bishop John H. Vincent

演說有三大關鍵，內容最不重要

除了內容之外，一場演說還得再納入一項內涵才會具備獨特風味，那就是「表達方式」。表達方式的好壞往往比內容本身更加關鍵。

我曾在音樂廳聆聽帕德瑞夫斯基演奏蕭邦的馬厝卡舞曲（Mazurka），鄰座是一位正在看書的年輕女性。她很困惑，無法理解為什麼台上鋼琴大師的手指所彈奏的每個琴鍵都和她觸碰的琴鍵毫無二致，但她的演繹十分普通，他的演奏卻像是受到情感啟發、某種超越美感的事物，因此讓聽眾深深著迷。**重點不在於琴鍵，而是觸擊的方式。他在觸擊琴鍵時注入情感、藝術與個性，讓天才與凡人之間的落差立即顯現。**

俄羅斯大畫家布留洛夫（Karl Pavlovich Bryullov）曾修正一名學生的習作，學生驚訝地看著畫布上的改變，大聲提問：「怎麼會這樣？你不過是稍微點了一筆而已，卻像是一幅截然不同的作品。」布留洛夫回答：「藝術始於細微處。」這真是一語中的，不僅適用於繪畫，也適用於帕德瑞夫斯基的演奏。

同理可證於演說。英國議會中有一句老話：「事事取決於講者姿態，而非重要事態。」此話出自古羅馬教育家坤體良（Marcus Fabius Quintilian），當時英國還只是羅馬的偏遠殖民地。

這句話和其他古諺一樣有待商議，但精采的表達方式將讓無足輕重的事情顯現分量。我注意到，校園演說比賽的贏家並非總是最有料的參賽者，而是最能說得頭頭是道的講者。

「一場演說有三大關鍵，」英國約翰．莫萊勛爵（Lord John Morley）曾帶著輕描淡寫的諷刺表示：「**講者、演說技巧與內容。三者中，內容最不重要。**」這句話很誇張吧？

艾德蒙．伯克的講稿無論就邏輯、推理和架構都十分出色，至今仍是逾半大學教授演說時使用的範例。不過伯克本人卻是個糟糕透頂的演說家，完全無法好好表達精采內容、使之聽來鏗鏘有力，所以他被譃稱為下議院的「開飯鈴」（dinner bell），每當他起身演說，其他人就清喉嚨咳嗽、坐立不安。

因此，請務必留意你的說話風格。

像聊天一樣自然投入，就是最好的表達之道

成千上萬的演說者往往都是像以下這位小說家這樣表達的：

有一次我碰巧在瑞士的阿爾卑斯山避暑勝地米倫（Murren）短暫停留。我住在一家倫敦企業經營的飯店，該企業通常每週都會從英格蘭派出幾位講師服務賓客。其中有一位知名的英國小說家將談論「小說的未來」。他坦承這不是他自己選擇的主題，事實上，他根本不知道有什麼好說的，也不是真的在乎居時要怎麼說得漂亮。他匆忙做了一些漫無邊際的筆記後就上台了，整個演說過程中，他也沒有善待聽眾，甚至不看他們，有時瞪著他們的頭頂上方，有時則低頭看筆記或地板。他發言時渾身充滿仙氣，即雙眼空洞、語調空靈。

這是哪門子演說，根本是獨白，毫無溝通。**精采演說的第一要素是：與聽眾互通有無**。聽眾必須感覺到講者發自內心直接傳遞一則訊息到他們心中。但我剛剛形容的那場演說卻像是發自乾涸的沙漠。事實上，聽起來更像是發自太空，而非對著活生生的人類談話。

關於演說的表達方式，其內涵可以說是既簡單又複雜，而且時常遭到誤解與誤用。那麼，有出色表達的祕訣嗎？

坊間有很多演說相關的謬文，內容不外乎各種規則與儀式，還搞得神祕兮兮。在所有人眼中，老派的「演說技巧」顯得荒謬，早已令人生厭，進了圖書館或書店的企業家也發現講述「演說術」的書冊毫無用處。這種華麗的「演說技巧」話術早已過時，顯得與當代精神格格不入。

全新的演說學派有如雨後春筍般湧現，為與時代精神保持一致，已變得現代化、商業化。在聽眾至上的這一年，只會打嘴砲的演說方式將成為過去。

現代聽眾，無論是商務會議中的十五人還是坐滿廳堂的一千人，都希望演說者像是聊天一樣直白明瞭，而且也要和一般談話所採用的表達方式無異。

方式相同，但力道必須不同。如果演說者真的像平常談話一樣，大半聽眾都會聽不到。對著四十人演說時，為了表現自然，演說者就得使出比對一個人說話更強大的能量。就好比立在建築物頂樓的雕像得放大尺寸，才能看起來和在地面上一樣雄壯威武、栩栩如生。

馬克．吐溫在內華達州採礦營地的演說結束之際，一名年老礦工走近提問：「你天生口才就這麼好嗎？」

這就是聽眾想要的效果：「這位演說者天生口才很好」，只是得再放大一些。

對著單一對象說話，和對著眾人說話的方法，有什麼不同嗎？

前文我提及某位小說家的演說技巧糟糕透頂，過幾天我在同一個場地聽了洛茲爵士的演說後深感痛快。他的主題是「原子與世界」。他奉獻逾五十年思考、研究、實驗與調查，有不少基本理念已內化為身、心、靈的一部分，因此有些內容他非常渴望與眾人分享。他忘了自己其實應該要演說，因為這是他最不擔心的一環，但我暗自慶幸他忘了。他只在乎要準確、清晰地告訴聽眾何謂原子。**他認真地試圖帶領我們看到他所看到的一切、感受他所感受的一切。**

結果他的演說精采絕倫，既迷人又有力，聽者人人印象深刻。他是個擁有非凡能力的演說家，但我深信他並未如此看待自己。

親愛的讀者，如果你發表公開演說，結果聽眾都以為你接受過良好培訓，這種印象對你的指導者並非恭維。因為他其實希望你可以展現強烈、崇高的自然姿態，讓聽眾壓根兒沒想過你曾經受過訓練。**一扇安裝巧妙的窗戶不具有存在感，只會帶進光線，出色的說話者亦然。他的舉止如此自然，以至於聽眾不曾注意到他的說話方式，只在乎他傳達的內容。**

無須模仿他人，精進自己的獨特之處才是王道

讓我分享福特汽車的創辦人亨利．福特在某場公開演說的內容：

每一輛福特車幾乎一模一樣，但不會有兩個人長得一模一樣。每個新生命都是太陽底下的新鮮事，都可說是前無古人、後無來者。年輕人應該對自己有所了解，必須尋找個體與他人與眾不同的獨特火花，並全力培育所有的個體價值。社會與學校可能會試圖扼殺這股精神，因為他們傾向將我們放在同一個模子鑄造成形，但我得說，千萬別拋棄那一絲火花，它是你唯一真正的重要主張。

這世界上沒有長得像你的另一個人。雖然幾十億人都有五官，但不會有人和你長得一模一樣、擁有同樣特質、做事方法及精神。當你自然地說話時，少有人能比照你的風格侃侃而談；換句話說，你具有獨特性。身為演說者，這就是你最珍貴的資產，請牢牢握住、珍惜並培育它。這一絲火光會將力量和誠意融入你的演說中，「獨特性是你唯一真正重要的主張。」

洛茲爵士本人頗特立獨行，因此演說技巧迥異於其他人。他的說話方式是個體性格的重要部分，正如他的大鬍子與光頭一樣。如果他試圖模仿勞合・喬治就會顯得虛情假意，終至畫虎不成反類犬。

美國史上最知名的一場辯論，發生在一八五八年伊利諾州一座青草蓊鬱的小鎮上，對戰雙方是參議員道格拉斯與林肯。道格拉斯矮小優雅，林肯卻高大笨拙。他們倆從個性、思想、性格到外表，都可說是天差地別。

道格拉斯是知識分子，林肯得自己劈材建牆，穿著襪子開門迎客；道格拉斯舉止優雅，林肯手腳不協調；道格拉斯毫無幽默感，林肯卻是史上最會說故事的人之一；道格拉斯少用比喻，林肯總是旁徵博引、舉證歷歷；道格拉斯剛愎傲慢，林肯謙虛寬容；道格拉斯思緒飛快，林肯長思慢考；道格拉斯發言有如連珠砲，林肯更為沉靜，深思熟慮。

這兩人儘管風格迥異，卻都是能言善道的演說家，因為他們具備勇氣與良好的自覺。**如果其中一人模仿對方，恐將一敗塗地。但是，他們各自最大限度發揮自己獨特天分，讓自己脫穎而出、發揮影響力。你也應該發揮自己的獨特性。**

聽起來容易，但做起來顯然非常困難。正如福煦大元帥評論戰爭的藝術：「概念簡單，遺憾的是，執行起來很複雜。」

巧用問答營造對話感，練習順暢「說人話」

演員都知道，唯有一再練習才能在聽眾面前自然演出。當你四歲時，可能會自己拚湊一座講台，然後自然地向聽眾「朗誦」。但是，當你到了二十四歲或四十四歲時，還能像四歲時毫無意識地自然演說嗎？或許可以，但十之八九你會變得僵硬、笨拙又機械化，然後就畏縮了。

演說培訓的重點，不在於一層又一層地堆砌外在條件，而是消除心理障礙、解放演說者，目標是讓演說者能夠泰若自然地發言，就算眼前有人想揮拳擊倒他也一樣。

我常在學員高談闊論時打斷他們不下數百次，然後拜託他們「說人話」。在這數百個夜晚裡，我試圖訓練並強迫他們自然地演說，回到家以後總是身心俱疲、精神耗盡。別懷疑，相信我，演說沒有你想像的那麼容易。

在這世界上，**你想發揮這門天賦的唯一途徑，就是不斷練習；而且，當你練習時，倘若發現自己正以一種笨拙的方式說話，請務必暫停，並嚴厲自問：「我在這一步出了什麼狀況？清醒一點，說人話！」**然後，在聽眾裡挑出幾個坐在後方或是滿臉無聊的人聊聊，請教對方意見。不用在意還有其他人在場，請和對方交換一下心得。假想他剛剛問了你一道問題，此刻你正在回答般的討論，如果他站起來與你交談，你就能和他往返討論，而這個過程會立即使你的演說更具備對話成分、更自然而且直接。所以，不妨想像這就是正在發生的事情。

實際上你可能會做得更多，好比提出問題並回覆答案。舉例來說，在演說中可以說：「你問我對這套論述有何證據？我確實有鐵證，請看這裡……」然後你會繼續回答想像中的問題。這類過程可以極為自然地完成，而且問答會打破個人演說的單調性，讓演說本身更直接且愉快，而且更有對話感。

融入真心是不敗祕訣，其他規則都是廢話

誠意、熱忱和高度認真也將對演說者有所裨益。當演說者受到感情影響時，真實的自我就會浮現，心理障礙將因此清除，演說者內心的熱忱感將燒毀所有藩籬，然後會自發採取行動、自發地開口演說，就像水到渠成一般自然。

所以到頭來，即使是演說這道主題還是會回到本章反覆強調的重點：把你的真心放入談話中。融入真心，這就是箇中祕訣。我知道這一類建議不受歡迎，因為有聽沒有懂、模糊不真切。一般學員只想要學到一套連傻瓜都明白的規則，清楚明確，而且可以立即上手。這套規則得像駕駛福特車的方向盤一樣精確，這就是一般學員要的結果，也是我想提供的事物，這樣對學員來說演說會變得如魚得水，對我來說教學更是輕而易舉。**確實有這樣的規則存在，但唯一的小問題是：這套規則成不了事。它們會完全消弭演說者具備的自然感覺、自發性、生命力和精神。**我知道一定會變成這樣，因為我在年輕時就已經浪費大量精力親身嘗試。

熟練說話四大原則，擺脫生硬笨拙感

我們將在此討論所謂「自然表達」的一些特徵，以便建立更清晰、更生動的認知。其實我有些猶豫要不要進行這些討論，因為一定有人會認為：「啊，我明白了，只要強迫自己做這些事，那就沒問題了。」錯了，問題可大了，你若勉強自己這麼做，就只會變成機器人。

這些原則，請在你消化晚餐時毫無意識地使用。這就是你應用它們的方式，並且是唯一方式。正如我們先前的討論，就公眾演說這一門領域而言，唯有練習才能熟能生巧。

原則一：強調關鍵字，不重要的字詞簡單掠過

在說話時，我們往往會在關鍵字加強聲調，非重點的字詞則像是駕車駛經一群路人身邊一樣輕快掠過。也就是強調句中某幾個重要詞彙，讓它們的發音像是摩天大樓拔地而起一樣明顯。這種說話方式沒有什麼奇怪之處，你自己用心聽就知道。你隨時都可以聽到自己這樣說話。以下試舉一例。請閱讀以下引述句，然後標示出重要關鍵字，朗誦時快速輕掠其他不重要的字詞。

「無論我投身什麼行動都百戰百勝。因為我總是主動出擊。我從未猶豫，這一點是別人比不上的極大優勢。」——拿破崙

效果如何？你所做的強調不是閱讀這句話的唯一方法，或許另一位演說者有不同的做法。強調重點沒有鐵則，完全視當下狀況而定。

請以認真態度，大聲誦讀以下精選佳句，努力突顯重點並加強說服力道。你將會注意到自己正一邊強調重要的字詞，一邊輕快掠過其他次要字詞。

「如果你相信自己被打敗，你就被打敗。

如果你相信自己不敢做，你就不敢做。
如果你想要贏，但相信自己無法獲勝，
幾乎可以肯定你將贏不了。
人生的戰鬥不是永遠倒向
比較壯或比較快的人，
但遲早會獲得勝利的人
是相信自己能勝利的人！」——無名氏

「也許每個人的性格中，沒有哪一點比堅定的決心更重要。小孩子想要成為偉大名人，或是想要未來有一天在任何方面能舉足輕重，就必須下定決心。不僅僅是決心克服千百道障礙，更要決心在經歷千百次挫折與失敗後仍能獲勝。」——老羅斯福

原則二：聲調要有抑揚頓挫

我們談話時聲調會有高低起伏、聲量會大小不一，這種循環從不停止，總是像滾滾流動的波濤一樣。這種說話方式令人愉悅，也很自然。我們從來無須刻意學習，在孩提時代就已經是這樣說話了。但奇怪的是，一起身面對聽眾演說，我們的聲音卻馬上變得像是沙漠一樣單調乏味。

當你發現自己正在用單調的聲音說話時，通常發出的聲音會偏高，此時請暫停，並對自己說：「我現在說話就像機器人一樣。你是在對聽眾說話。要說人話。自然一點。」

這類自我訓斥或許有幫助，但只有一點點。暫停一下本身會有幫助，但你依然必須努力練習才能把自己拖出困境。

請多加練習，選擇想要強調的語句或詞彙，突然降低音調或是提高聲音突顯它們，就像是庭院中的綠樹擎天而立一樣。幾乎所有演說家都是這麼做的。

下面列舉一些引述句，讀到畫線文字時請試著壓低音調念誦。看看會有什麼影響？

「我只有一項優點，那就是永不絕望。」——福煦大元帥

「教育的偉大目標不是知識，而是行動。」——赫伯特．史賓塞

「我已經活到八十六歲了，目睹成千上萬人邁向成功。在所有實現成功的要素中，最重要的一點就是信念。」——樞機主教詹姆斯．吉本斯（Cardinal James Gibbons）

原則三：變化說話速度

小孩說話或是我們自己平常談話時，常會改變說話的速度，但我們其實沒有意識到自己這麼做。這麼做不只不無聊，而且很自然，更重要的是能強化說服力。事實上，在所有讓想法脫穎而出的做法中，這是萬中選一的妙招。

林肯最喜歡這麼做：他會超快速地說出前幾個字詞，趕快讓他希望強調的單字或語句出場；同時，他會用聲調盡量持久地扣住它們，最後則會像閃電一樣快速地說完整句話。也就是，**輕描淡寫帶過不重要的字詞，傾全力把時間花在要強調的那幾個字詞上。**

這種做法總能引起注意，屢試不爽。我經常在演說中引用以下樞機主教吉本斯的話，我想強調「勇氣」這個主題，所以我會讓聲調盡量持久地扣住以下畫線的部分，突顯它們，並採用一種彷彿這些話也在我自己腦中烙下深刻印象的方式說出來。請你用一樣的方式誦讀以下段落，並豎耳聆聽自己的聲音。

樞機主教吉本斯撒手人寰之前曾說：「我已經活到八十六歲了，目睹成千上萬人邁向成功。在所有實現成功的重要要素中，最重要的一點就是信念。一個人除非具備勇氣，否則終將一事無成。」

現在，試試看快速說出「三千萬美元」，務必帶著不足為奇的語氣說出口，好似這個數字根本不值一顧。現在，改說「三萬美元」，請帶著深情一字一字慢慢說，好似這個大到難以想像的金額讓你驚呆了。你是否成功讓「三萬」聽起來比「三千萬」厲害？

原則四：提到關鍵想法時，前後都要停頓

林肯在演說中不時會稍微停頓。當他即將談到希望烙印在聽眾心中的想法時，就會屈身向前，沉默地直視聽眾雙眼好一會兒。這種突如其來的寂靜，其實和突然迸發的聲音有異曲同工之妙：吸引聽眾注意，讓每個人都開始關切、提高警覺，想知道接下來會怎樣。

林肯也會在說完想要強調的語句後稍微停頓。他的靜默加強這些語句的力量，同時讓話中深意沉浸到聽眾心中，強化語句的使命感。

洛茲爵士在演說期間也經常停頓，而且是在提到關鍵想法之前、之後都會停頓，頻繁到經常一句會出現三、四回停頓，不過他是自然而然、毫無意識地這麼做。除非像我這樣分析洛茲爵士的演說特徵，否則沒有人會特別留意。

「因為你沉默，」吉卜林說：「所以你應該說出口。」若能在談話時善用這一招，那就應驗「沉默是金」這條鐵律。這是一個強而有力的方法，非常關鍵，但初學者通常會忽略。

以下是沃辛頓・荷曼（Worthington C. Holman）著作《活力演說術》（*Ginger Talks*）的精華摘要，我已經標出幾處稍微停頓可能帶來良好效果的語句。我沒有認定只有這幾句是最好的停頓處，我只是建議其中一種做法。**沒有硬性規定要在哪幾處停頓，而是要考慮停頓有沒有意義、質感和情感。**你可以今天練習時在其中一處停頓，明天選擇另一處。

請先毫不停頓地大聲誦讀，之後再根據我所標示的停頓處重讀一遍。看看停頓的影響是什麼？

「銷售就是戰鬥，」（停頓，讓戰鬥的想法沉浸下來）「唯有戰士能夠打勝仗。」（停頓並讓這項重點沉浸下來）「我們或許不喜歡這類情況，但我們既然不曾製造它們，也無法改變它們。」（停頓）「當你進入銷售戰局，請鼓足你的勇氣。」（停頓）「如果你缺乏勇氣，」（停頓、拉長懸疑感幾秒鐘）「每次你一遇到問題就得大打出手，最終什麼生意也做不成。」（停頓）「超級業務員總是那名站上本壘板擊出全壘打的打者，他的努力成果會超出眾人預期，」（停頓並延長你對這位表現出眾的球員有何評論的懸疑感）「他的內心深處有著堅定不移的決心。」

請帶著力道大聲誦讀以下引述句，並為其賦予意涵。觀察你會自然停頓的地方。

「廣袤的美國沙漠不在愛達荷州、新墨西哥州或亞利桑那州，而是坐落在每一個普通人的帽子下。廣袤的美國沙漠是精神沙漠，不是實體沙漠。」——諾伊（J. S. Know）

「人類的通病沒有靈丹妙藥可醫，最貼切的治療法是宣傳。」——福斯威爾（Foxwell）

演說者可以循著我在這堂課程中設定的方向依序前進，但過程中一定會犯錯一百次。**每個人自然的日常說話方式可能需要大幅改善，請先完善你在日常談話的自然說話方式，然後才將這種方式帶上講台。**

卡內基說話學 07

找到最佳表達方式，展現個人獨特風格！

- 除了說話內容之外，表達方式也很重要，這是賦予整場演說獨特風味的關鍵。
- 許多演說者並沒有善待聽眾，要不是瞪著他們的頭頂上方，就是低頭看著地板，似乎是在獨白，毫無溝通感。兩者間沒有互相付出與收穫的氛圍，將會扼殺談話，也會毀了演說。
- 精采的表達方式就是使用日常對話的聲調，加上強化的直白說法。你對著商務人士談話，應該要和對著友人講話無異。
- 人人都有發表演說的能力。你得自發地開口說話，這樣才顯得你和全世界任何人都不一樣。請將獨特的個體性、性情融入演說的情境中。
- 請試想某人向你提問，而你重複問題並大聲回應：「你問我怎麼會知道結果如此？我可以告訴你……」諸如此類的做法會讓過程看起來更自然，也會打破正式的修辭用語，使你的談話方式變得溫暖、有人味。
- 把你的真心放入談話中。真實的心意將比所有規則更有幫助。
- 以下是我們在認真的對話中會無意識做出的四種行為。當你對公眾演說時也請試著這樣做：

  (一)強調關鍵字，不重要的字詞簡單帶過。

  (二)聲調要有抑揚頓挫。

  (三)變化說話速度。

  (四)提到關鍵想法時，前後都要停頓。

讓聲音更嘹亮的祕訣

以下列舉三種練習方法，倘若你確實按部就班遵行，將有助你的聲音更嘹亮、更有吸引力。

一、**鼻腔共振發音：**請深吸一口氣，體會鼻腔中空氣湧入時自由、開放、膨脹的感覺。請重複以下字詞，試著從鼻腔發音，並讓每個詞的尾音持續二至三秒鐘。**讓聲音像鐘聲一樣在鼻腔內迴響。**

singing（歌唱）、wringing（痛心）、bringing（產生）、clinging（緊纏）、flinging（猛衝）、winging（飛翔）、hanging（垂懸）、banging（砰響）、longing（渴望）、wronging（錯犯）

二、**練習假音發聲：**練習假音可以為我們日常說話的音調製造嘹亮的品質。發音時請將聲調拔尖到最高音階，也就是再高一點就會變成尖叫聲的地步。這是一種有點好笑的聲調，但很快你就會覺得膩了。**請不要在你開始感到緊張時練習這種發音法。**現在，請用假音發聲唸出這段詩文：

一首歌，啊，一首代表歡樂五月的歌！
牛群散立草地上、羊群正嬉戲，
鳥群在楓樹上大合唱，
這世界正爲你我綻放。

美國詩人朗費羅（Henry Wadsworth Longfellow）曾建議聲名遠播的莎士比亞劇女演員安德森（Mary Anderson）每天大聲誦讀一些歡樂的抒情詩歌，以便提升聲調魅力。充滿幸福感、快活與陽光般的聲調，永遠受人歡迎而且充滿吸引力。如果你帶著情感大聲誦讀充滿希望、開心的詩歌，很快就能發展出自我風格、獨特聲調和你正在揣摩的情感。

三、散發愉悅感：加麗－庫契夫人說，有一項指導原則一直是她練習和表演必備的要素，那就是「歌唱的愉悅感」。你在演說過程中享受的愉悅感應該也讓聽眾切實體會。

第8章

台上魅力半天生，另一半靠風度儀表

「行動即是雄辯，無知的雙眼比雙耳學到更多。」 ——Shakespeare

「如果你希望自己精神抖擻，千萬不要沉沉入睡。」
——Nathan Sheppard, *Before an Audience*

「手勢過少和過多都一樣不自然。孩童都很懂得適時比手畫腳舉證，奇怪的是，很少人使用這套折衷做法，而且我們在每個與鄰居談話的人身上都可以看到實例。」 ——William Mathews, *Oratory and Orators*

「演說者渾身都展現滔滔雄辯的口才，無論是聲調、雙眼、神態和哽在喉頭的話語。」 ——法國作家Francois de La Rochefoucauld

「當你演說時，請徹底忘記行動。將注意力集中在要說的內容、想談論它的原因。將所有火花與精神灌注在表達想法的方式，同時務請散發熱忱、真誠與十足誠懇。如果你醞釀的內在思想衝動足夠強大，束縛就會被打破，身體也會自然對表達的動作產生回應。在實際演說場合中，請專注思考演說內容，無須事先規畫如何比手畫腳，且讓自然的驅策力決定行動。」 ——George Rowland Collins, *Platform Speaking*

「儘管語言是必要工具，但也確實是思想的障礙，我們應該清楚體認，記住幾個手勢就能說明簡單想法是足以相提並論的力量。你光是口說『滾出這裡』還不如手指大門更能表達用意；食指舉到雙唇間也比低語『不要說話』更有力；招手示意比叫喚『過來這裡』來得好；沒有哪一句話可以比雙眼圓睜、挑高眉毛更栩栩如生地傳達驚訝之意；一次聳肩就可以勝過千言萬語。」 ——Herbert Spencer

萬全準備是基本功，風度人格是致勝關鍵

人格特質的貢獻遠勝過高人一等的智商，對商業大亨、教育工作者和專業人士來說如此，對說話者來說亦是。

在公眾演說領域中，萬全準備是基本功，此外就屬人格最重要了。「就辯才無礙的演說而言，」作家哈伯德宣稱：**「翩翩風度才是致勝關鍵，而非內容。」風度加上想法則是更勝一籌。**不過，人格特質模糊又難以捉摸，即使分析，也無法清楚解構。人格既代表人類身、心、靈的完整結合，也代表個人的特質、偏好、傾向、氣質、思想、活力、經歷、訓練與生活，更和愛因斯坦的《相對論》一樣複雜，幾乎沒有人能全盤理解。

每個人的人格特質很大程度取決於遺傳特徵，絕大多數都是出生之前就注定。儘管後天環境也脫不了關係，但總體而言，遺傳這項因素極難改變或改進。不過，我們可以試著加強這些特質，以便顯得更有威力、更具吸引力。無論如何，我們還是可以努力從大自然賦予我們的新事物中淬煉出最大潛能。這個挑戰對我們每個人都至關重要，雖然有先天限制，但改善的可能性依舊很大，值得我們深入討論。

上場前適當休養，才有散發魅力的餘裕

筋疲力盡的人是發揮不了魅力的。千萬別犯下一眼就能看穿的錯誤，或是拖延準備工作與計畫，

直到最後一分鐘才臨時抱佛腳，而且還急就章地趕進度想彌補浪費掉的時間。如果你就是這麼做，必然會累積身體毒素、使大腦疲憊，這樣的狀態將會嚴重拖累並折損你的表現，耗盡活力、弱化大腦和神經。假設你必須在下午四點召開的委員會發表重要報告，最好避免用完午餐後就回到辦公室。可以的話，不妨先回家享用一頓清淡的午餐，然後休息片刻。你的身、心、靈都需要好好休息。

美國女高音潔若丁·法拉（Geraldine Farrar）曾經在和新朋友聚會時，早早就向大家道晚安告退，留他們與自己的夫婿續攤。她知道藝術對她要求甚高。

諾荻卡（Nordica）夫人說，身為歌劇首席女歌手就意味著放棄所有個人偏好：社交生活、朋友、色香味俱全的美食。

當你必須發表重要演說之前，請像聖人一樣節制飲食。星期天下午，畢傑習慣在五點時吃點餅乾配牛奶，之後整晚都會忌口。

「當我得在夜間獻唱時，」梅爾芭夫人說：「只有下午五點我會吃非常清淡的食物，包括魚、雞肉或是甜麵包，配一顆蘋果和一杯水，其他時間都不會進食。當歌劇或音樂會結束後，我在回家的路上常會餓到前胸貼後背。」

梅爾芭和畢傑的做法真是明智，我是一直到成為專業演說家才體認到這一點。經驗告訴我，享用上等生魚片，外加牛排、炸薯條、蔬菜沙拉和甜點後，一小時內最好不要站上講台，這樣對自己、演說表現與身體都不公平，因為原本在大腦中的血液正往下流向胃袋，試圖解決牛排與炸薯條。帕德瑞夫斯基說得沒錯，每當他在音樂會開始前享用自己想吃的食物，體內的動物本性就會升到最高點，甚至連他的指尖都有感覺，結果阻礙他的靈敏度，演奏時變得遲鈍。

對的態度與衣著，都能為你製造吸引力

別做任何消磨能量的事。魅力、活力、生命力、熱忱，這些都是我尋找說話者與指導者時最想看到的特質。人們自動會圍繞在充滿活力的說話者身邊，這是人類的能量發電機，就和野鵝聚在秋天的小麥田間同理。

我經常看到倫敦海德公園的露天演說者證明這一點。在公園大理石拱門入口附近，有一處是各色演說家的集會地點。每逢星期天下午，路人便可在此駐足聽講。

有時會有幾百名群眾圍繞在一名演說者周遭，但隔壁卻只有寥寥數名聽眾。這是因為他們的演說能力有天壤之別嗎？其實，答案在演說者身上就看得到：他自己深感興趣，也因此把演說變得有趣。他的演說方式更生動，散發著活力和生氣，這些能量都有助於增強吸引力。

衣著也會影響吸引力。一位身兼大學校長的心理學家做了一項有關衣著重要性的問卷調查，所有受訪者幾乎都同意，當衣著得體、一絲不苟而且完美無瑕時，一股難以言喻的感受與效果會確切地油然而生，帶來更強烈的自信、更堅定的信念，也提高自重感。受訪者共同認為，**塑造出成功的表象，就會發現自己更容易思考並實現成就**。這就是衣服對穿著者的影響。

那麼，衣著對聽眾又有何影響？我注意到，如果演說者長褲鬆垮、外套與鞋子不夠有型、鋼筆和鉛筆頭露出胸前口袋、紙張或菸盒把外套口袋塞得鼓起來，那麼就等於昭告聽眾，他不在乎自己的外表。聽眾難免假設，演說者的心智正和那頭亂髮、那片暗沉鞋面一樣邋遢，因此對他的尊重也就大打折扣。

說話者理當意識到，他就站在放大鏡、鎂光燈下方，所有目光都聚焦在自己身上，個人形象中任

何一絲細微的不和諧旁人都會一眼看穿。

說話者還沒開口，聽眾已經在心裡打好分數

幾年前，我為雜誌社撰寫某位銀行家的生平故事，採訪了銀行家的朋友，請他解釋銀行家事業成功的原因，對方回答：「他有贏家式的笑容。」乍聽到這番回應可能覺得有點誇張，但我卻相信再真實不過。其他成千上萬人或許具備更豐富的經驗、更精準的財務判斷，但這位銀行家卻坐擁其他人缺少的額外資產，即最和藹可親的個性。**溫暖、熱忱的微笑是顯著特徵，可以立即贏得信心、確保自身善意，我們自然會希望這樣的人成功。**

古諺有云：「笑口常開，生意常來。」站在聽眾面前笑顏逐開，就和站在櫃台後方一樣讓人倍感歡迎。我想到有一名學員，每次站在聽眾面前總能營造出強大氣場，讓所有人感覺他很喜歡這裡、很喜歡接下來的演說。他總是微笑，彷彿看到聽眾就滿心歡喜，所以眾人也會不由自主地熱情歡迎。

演說者的態度會有感染力。遺憾的是，我也看過許多學員冷淡、敷衍地從座位中走出來，一臉像是要執行苦差事的樣子；當演說結束，似乎還想鬆口氣說聲謝天謝地。我們身為聽眾，當下也會有相同感受。

「以德報德，」《影響人類行為》（*Influencing human behavior*）作者歐沃斯崔（Harry Allen Overstreet）教授觀察：「如果我們對聽眾感興趣，聽眾也可能會對我們感興趣；倘若我們看到聽眾就皺眉，他們極有可能也對我們很有意見，無論是否顯露出來；要是我們膽小畏怯、手忙腳亂，他們對我們的信心就

大打折扣；假設我們厚顏自誇，他們的反應就是顯露保留態度。**十之八九，我們都還沒開口演說，就已經備受反對或廣獲好評。因此，我們應該確保自身的態度能引起熱烈反應。**」

上台演說的五大注意事項

身為一名公眾演說家，我經常會在下午對著散坐在大廳堂的一小群聽眾演說，到了晚上則是在同一處對著聚集的大量聽眾演說。同一段哏，晚間的聽眾會由衷地哈哈大笑，但下午的聽眾則是抿嘴微笑而已；同樣一段話，晚間的聽眾通常會報以熱烈掌聲，但下午的聽眾則是絲毫不為所動。怎麼會這樣？

首先，下午場的聽眾群多半可能是老婦人與小孩，你無法期待他們和晚間場的聽眾一樣有活力或有鑑別力。不過，這一點只能解釋部分原因。

事實是，**如果聽眾只有小貓兩、三隻，沒有人會輕易被打動。當聽眾席的場域太空曠、座位空蕩蕩，沒有什麼好哏能激發聽眾熱忱。**

畢傑在著作《耶魯大學演說課》（*Yale Lectures on Preaching*）裡這麼說：

大家經常說：「你不覺得對著廣大群眾說話，會比對著稀落的人群更有啟發性嗎？」其實不然，我會說：我對著一二個人說話，就和對著一千人說話沒什麼兩樣，但前提是這十二個人都要圍在我身邊，而且要貼緊彼此。不過，就算聽眾總數有一千人好了，只要他們三三兩兩彼此相隔一公尺，效果就和對著空無一人的房間說話沒什麼兩樣……把聽眾聚在一起才有人氣，這樣就能事半功倍。

每個人只要隱身廣大群眾裡就會失去個體性，成為其中的一分子，這時候往往比一個人時更容易受到影響。當他置身僅有五、六人的場子裡，你說的每一則笑話他都覺得冷到不行；但若是座無虛席，他就會跟著捧腹大笑、拍手叫好。以下幾項重點，你應該在上台前注意是否已安排妥當。

重點一：把聽眾聚在一起才有人氣

群眾真可謂令人難以理解的現象。所有廣受歡迎的運動和改革，都是靠群眾心態助攻才發揚光大。有一本很有意思的書即探究這類主題，那就是艾佛列特・馬丁（Everett Dean Martin）所著的《群眾行為》（*The Behavior of Crowds*）。

如果我們將對著小團體談話，應該選擇小房間，這樣安排座位比較容易，避免聽眾散坐在空寂、有消音作用的大廳堂。**如果你的聽眾散坐各處，請要求他們往前坐，而且要離你近一點。請務必堅持這一點才正式開始演說。**

除非聽眾擠到水洩不通，而且你有非得站在台上不可的原因，否則請不要站在講台上。請走下講台與聽眾為伍。請站在他們附近，打破一切形式，讓他們覺得有親切感，彼此更容易對話。

重點二：保持空氣流通

大家都知道，在演說過程中，氧氣就和喉嚨一樣重要。聽眾很難坐在充斥汙濁空氣的空間裡還能保持清醒，因此，每當我和其他演說者一起出席某個場合，在開始前我幾乎都會要求先打開窗戶，請聽眾起身伸伸懶腰，休息兩分鐘後才開始。知名演說家的經紀人甚至這麼做：

十四年來，遠近馳名的布魯克林傳教士畢傑聲勢如日中天，龐德少校（Major James B. Pond）因此擔任其經紀人，足跡踏遍全美國與加拿大。在聽眾進場前，龐德會先造訪稍晚畢傑將布道的大廳堂、教堂或戲院，嚴格檢查照明設備、座位安排、溫度和通風狀況。要是室溫偏高、空氣沉悶，而且窗戶還打不開，他就會拿起書砸破玻璃。他相信知名英國牧師查理・司布真（Charles Spurgeon）所言：「對於傳教士來說，上帝恩典之外的第二件好事便是氧氣。」

重點三：研究站位，讓燈光打在自己的臉上

除非你是在群眾面前演繹通靈術，否則可以的話，請打開屋內所有燈光。

你若閱讀歌劇導演大衛・貝拉斯可（David Belasco）發表關於打造舞台的文章，就會發現一般演說者對於打燈的重要性完全沒有概念。

請讓光線照在你的臉上，聽眾會想一睹講者的廬山真面目，**你的五官若有任何細微變化，都應該視為自我表達過程中的真實表現，讓聽眾看到無妨。有時候表情比演說內容更能道盡千言萬語。**如果你逕直站在燈光下，臉部可能會被陰影遮住；如果你站在燈光前方，在逆光中肯定什麼都看不到。因此，在你上台演說之前請先研究如何站位，燈光才能帶給你最適當的照明效果，這也是技巧的一部分。

重點四：台上不要放置多餘的雜物

請不要躲在桌子後方，因為聽眾會想看到演說者整個人，甚至可能會為了看清楚傾身擋住走道。

有些好心的主辦單位肯定會幫演說者安排桌子、水壺和玻璃杯。如果你覺得口乾舌燥，請嚐一點鹽粒或檸檬，讓唾液自動分泌比灌水管用。這樣一來，你不用喝水也用不著水壺，而且也不需要其他設備，除非是為了遮掩堆在講台上亂七八糟的物品。

你可以想一想，各家汽車展示間都裝潢得美輪美奐、井然有序，讓人大飽眼福；香水和珠寶門市也都裝潢得富有藝術氣息、奢侈華麗。這一切當然是為了做成好生意。若屋舍門面也如此妝點，就能獲得更多尊重、信心與欽佩感。

同理，**演說者應該打理一幅宜人的背景。我的理想安排是完全不擺任何桌椅，演說者背後或兩側不應該有任何讓聽眾分心的事物，單純一整片黑色或深藍色天鵝絨布幕就夠了。**

然而，演說者背後通常會有地圖、標誌和桌子，或許還有一堆滿布灰塵、層層疊疊的椅子。結果製造出一種廉價、凌亂無序的氛圍。所以，請清掉所有沒用的東西吧。

「在公開演說領域中，最重要的元素，」畢傑說：「就是人。」

因此，且讓演說者本人像覆蓋白雪的山巔一樣高聳入雲，與藍天相映成趣。

重點五：不要讓聽眾有分心的機會

我曾在加拿大安大略省的倫敦市聆聽總理演說。當時現場有一名工友手持長桿，逐一打開窗戶為空間通風。結果聽眾幾乎都分心盯著這個傢伙，好似他在表演什麼魔術，把演說者完全晾在一旁好一會兒。

如果現場發生類似某物四處移動的狀況，聽眾肯定無法抗拒分心瞄一眼的誘惑。如果演說者能記住這一點，就能事先幫自己免除一些麻煩與不必要的煩惱。

首先，演說者可以戒除繞手指、摸衣服或不自覺做出緊張動作的習慣，以免聽眾分心。我曾目睹一位演說家一邊談話、一邊玩弄講台的遮布，結果台下聽眾就這樣盯著他的雙手長達半小時。

其次，如果可能的話，應該安排聽眾坐著，這樣他們才不會因為看見遲到的聽眾進場而分散注意力。

第三，不要邀請賓客走上講台。幾年前，經濟學家雷蒙・羅賓斯（Raymond Robins）在布魯克林舉辦一系列談話活動，邀請我與其他幾人和他一起坐在講台上。我當著他的面婉拒，因為這種安排對演說者並不公平。第一天晚上我就注意到，只要其中一位賓客稍微動一下，聽眾的雙眼就會離開發言人，轉向這位賓客。隔天我提醒羅賓斯先生這些狀況，當晚的談話活動，他就很明智地一人獨占講台。

大衛・貝拉斯可不允許舞台上置放鮮紅花朵，正是因為太搶鏡。那麼，演說者在談話期間，更不應該安排一名靜不下來的傢伙坐在聽眾前方。

穩健台風，來自放鬆自在的肢體語言

對演說者本人來說，在正式開口前先不要坐著面對聽眾不是很好嗎？當作這是一回全新出場不是比較好嗎？

但是，如果我們就是得坐下來，那就讓我們小心處理如何好好在椅子上就坐。我看過許多人像被制約的獵犬在夜間找地方躺下一樣，一上台就左右張望找椅子坐。當他們找到一把椅子，就會轉過身來，然後像沙袋般重重坐下。

請好好就坐：感覺椅子碰撞到你的大腿後側，身體從頭部到臀部挺直，並且發揮完美的控制力讓身體穩穩下沉就坐。

我們在前幾頁才提到東摸西摸會吸引聽眾注意，所以請不要這麼做。其實還有另一個原因，那就是這個動作會製造一種軟弱、缺乏自制力的印象。每一種無法增添存在感的動作都不要做，沒有所謂中立無害的動作，真的沒有。所以，請務必站得筆直，控制自己的身體，這樣就能呈現出完美掌控的形象。

當你起身準備向聽眾演說時，請不要急著開口，那是外行人的做法。**請深吸一口氣，雙眼環顧聽眾好一會兒，如果現場有些噪音或是干擾，請暫停幾秒鐘，直到安靜下來為止。**

請抬頭挺胸。不過，不要等到站在聽眾面前才這樣做，請每天私下練習。這樣一來，你在公共場合也會自然這麼做。

管理學者古利克（Luther H. Gulick）在著作《高效生活》（*The Efficient Life*）建議的日常練習是：「盡可能地緩慢吸氣，同時讓貼著領結的脖子向後挺直。現在就保持這個姿勢。這個方式雖然稍微誇張，但毫無害處，目的是矯正肩頸部位，也擴大胸廓。」

這時候你的雙手要做什麼？別管它們了，不需要大驚小怪以為別人會關注你放鬆的手臂。自然地垂落在身體兩側，那就是理想狀態，就連吹毛求疵的評論家也沒話說；此外，當你開始有比手畫腳的衝動時，手臂就會毫無阻礙、自然且自在地擺動起來。

但假設你緊張得要命，想要把手疊在背後或放進口袋緩解緊張，這時該怎麼辦？我知道不少當代知名演說家會在演說過程中偶爾將雙手放進口袋。如果一個人有重要的話想要說出來，而且還是帶著具有感染力的信念對外宣揚，四肢在演說中的角色當然就無關緊要了。**倘若說話者的腦子塞滿想法、心中充滿熱忱，就不必多加關注這些次要細節，畢竟，在說話時重要的是充實心理層面，不是四肢擺放的位置。**

關於運用手勢的實用建議

有時我們可能會遇到手勢濫用的狀況。我在公開演說領域學到的第一堂課來自一位大學校長，印象中，整堂課的重點圍繞在手勢，不僅毫無用處，更有誤導及高度危害之虞。他教我們要讓雙手鬆垮地懸掛在身體兩側，掌心向後、手指半向內屈，大拇指則輕觸大腿。我被要求將雙臂拱成一條優雅的弧線，利用手腕做出經典的擺動手勢，接著伸直食指、中指，直到小指都打開。當整個充滿美學的裝飾動作都完成了，再將手臂擺回到原來優雅卻不自然的姿態，再次懸掛在大腿兩側。整場表演就像木頭人，矯揉造作，既不明智也不真摯。

整個過程中，完全沒有任何讓演說者把自我個性融入動作中的嘗試，沒有產生任何比手畫腳衝動的試驗，也無法激發生命熱忱、使血液沸騰。動作看起來不自然、不流暢，更不用說敞開心胸、自動自發地打破固有的保護外殼，讓演說者像個活生生的人一樣談話，一點也沒有。整場表現就像打字機一樣機械式操作，像空巢一樣死氣沉沉，也像木偶戲一樣荒謬。

撰寫手勢相關的書籍十之八九都是廢話連篇，平白浪費紙張與墨水，你從任何書中學到的手勢都很可能看起來就像手勢而已。**真正有意義的手勢得發自內心真情、對這道主題的濃厚興趣、自身想要讓他人看見的渴望，也必須出自你的衝動。真正有意義的幾道手勢都是源自瞬間一湧而出的衝動，一股自發性勝過千百條規則。**

我們不應該以一模一樣的方式訓練兩個不同個體。我在前一章討論過林肯和道格拉斯這兩位演說家的區別。試想一下，手長腳長、行動笨拙又思考緩慢的林肯，如果和思考敏捷、舉止優雅的道格拉斯採用同樣的手勢比劃，那畫面看起來豈不是怪到不行。根據林肯的傳記作者兼法律事務所合夥人亨頓，我們可以看到林肯的表現方式：

> 林肯並不常比手畫腳，倒是常常搖頭晃腦。他以前常這麼做，看起來頗富活力。當他試圖強化自己的論述時，這道動作很重要。有時候他只是猛然一晃，就好像將帶電的火花扔到可燃材料中一樣。他從來沒有像其他演說家一樣雙手高舉空中揮舞，好比織布時裁切碎布，或以手刀將空間切割成碎片似的。他從未製造舞台效果……當他一邊演說一邊走動時，動作會變得比較自在，也沒那麼不安，以至於看起來優雅自如。他具備一種完美的自然感覺、強烈的個體性，以至於製造出一種莊嚴高貴感。他鄙視金玉其外、作秀心態、裝模作樣、虛假不實……他纖長、瘦削的右手指隱含一個充滿意義與重點的世界，藉由演說將滿腹點子注入聽眾耳朵，直達內心。
>
> 有時候，當他想要表達愉悅或歡喜時，就會以大約五十度角高舉雙手，掌心向上，彷彿渴求擁抱他所熱愛的精神。如果剛好情緒對了，像是談到譴責奴隸制，他的雙臂會向上高甩，拳頭緊握橫

掃空中，表達出一種發自內心真正崇高的憎惡。這是他最能製造效果的姿勢之一，而且也能最生動地表達一股堅定的決心，想要踐踏痛恨目標的渴望。他總是站得四平八穩，甚至腳趾緊貼在一起，雙腳從未前後錯開站立。他站得筆直，既不碰觸也不倚靠任何物體，只會偶爾變化一下站姿與態度；他從未咆哮，也不會在講台上來回踱步；他為了放鬆雙臂，倒是常常用左手四指扣住外套翻領，大拇指保持筆直，右手則用來自在比手畫腳。

這就是林肯的方法。老羅斯福則屬於更有活力、狂熱又活躍的類型，他的表情生動而激情、拳頭緊握，渾身上下都能夠表達情感；布萊安經常伸長手臂、掌心大開；英國首相格萊斯頓（William Ewart Gladstone）三不五時敲桌或是時而握拳、時而張掌，有時也會重踩地板砰砰作響；羅斯貝利伯爵（Earl of Rosebery）則是習慣高舉右臂，然後用力地重重往下甩。不過，**演說者往往是先產生一股力量與信念，這才是他們的手勢強而有力、自動自發的原因。**

如果你願意潛心練習並應用這套課程闡述的各項原則，就會找到自己獨樹一格的手勢。我不會提供你任何比手勢的規則，因為每一道手勢都取決於演說者的氣質和個性，依據他的準備、熱忱、性格、主題、聽眾與場合培養而成。

然而，這裡僅提供一些可能派得上用場的有限建議：

請勿重複同一道手勢，免得變得單調乏味。

不要用手肘使力做一些短促、不明所以的動作。

當你站在台上，用肩膀使力看起來會更加自然。

不要太快結束手勢，別怕在論述整句時保持同一個姿勢。

很多人沒有這樣做，這是常見的嚴重錯誤，因為這樣會使重點扭曲，讓小細節變得不重要，相形之下，真正重要的觀點反而令人感到微不足道。

當你在真正的聽眾面前發表一場真槍實彈的演說，只要順其自然做手勢就好；但是當你在練習時，若有必要，請強迫自己使用手勢。正如我在第五章中指出的，強迫自己這麼做，將會切實喚醒並刺激你，久而久之，你的手勢就無須刻意為之。

請闔上你的書。白紙黑字無法讓你學會手勢。**你自己內心的那股衝動就和你的演說一樣，比任何教練可能提供的建議都更值得信賴、更有價值。**

卡內基說話學 08
發揮人格魅力，對眾人報以微笑！

- 人格特質遠勝過知識。本章提供的幾項建議或將有助於說話者展現自己的最佳狀態。

- 疲累時請勿演說。請休息並儲備能量。

- 登台演說前請務必少吃。

- 人們自然會聚集在充滿活力的演說者周圍。

- 請打扮得體，讓自己看起來更有吸引力。意識到自己穿得整潔俐落會讓人增強自尊心、提高自信心。要是演說者穿著邋遢隨便，聽眾對他的尊重將大打折扣，正如他對自己的觀感一樣。

- 展顏微笑。請在與聽眾面對面之前就先調整好心態，好似你很高興能夠出席會場。如果演說者對聽眾感興趣，聽眾也很可能會對演說者感興趣。說話者往往還沒開口，就已經備受譴責或廣獲贊同。因此，請確保自身的態度能引起熱烈反應。

- 把聽眾聚在一起才有人氣。置身在擁擠的聽眾席中，人們很容易跟著捧腹大笑、拍手叫好並認同每一則笑哏。

- 如果是對著一小群人演說，請安排在小空間，而且不要站在講台上，要與他們同高。請讓你的演說增添親密感、不要太過正式，而且可以開展對話。

- 保持場內空氣清新。

- 請打開室內所有燈光。站在光線可以直接落在臉上的方位，好讓聽眾看到演說者全身。

- 別站在桌椅後方，請將桌椅推到一旁，清除所有使講台混亂難看的標誌和雜物。
- 請不要邀請賓客一同登台。賓客難免會偶爾挪動，就算是最輕微移動都會吸引聽眾的注意力。
- 不要整個人癱坐在椅子裡。請感覺到椅子碰撞到你的大腿後側，同時挺直身體，穩穩地下沉就坐。
- 請站直不動，不要做出許多緊張兮兮的動作，因為那會給人軟弱的印象。每一種無法增添存在感的動作都不要做。
- 請讓雙臂自然垂落在身體兩側，這就是理想狀態。如果把手疊在背後或放進口袋會讓你感覺比較自在，這麼做也無妨。倘若你的腦子和心智都塞滿你想說的話，就不必多加關注這些次要細節。
- 不要試圖從工具書中學習如何比手勢，讓手勢源自於你內心的衝動。請放開自己讓動作自然發生。自發、生動與放任才是比手勢不可或缺的必要條件，不是模仿學來的優雅，也不是服從規則。
- 當你做手勢時，請勿重複同樣的動作，以免變得單調乏味；手肘不要使力做一些短促、不明所以的動作。最重要的是，請持續做手勢，直到你的動作與想法同步製造出高潮效果為止。

使燭火不搖曳的呼吸控制練習

以下是著名義大利聲樂老師藍培帝（Francesco Lamperti）堅持要學生每天練習的作法。這是一套呼吸技術的基礎練習。

步驟一：放鬆喉嚨。請放鬆下巴並讓它自然垂落，然後感覺喉嚨好像開始想要打哈欠。現在，透過口腔開始非常短促的吸氣、吐氣，並請加快速度，直到你的呼吸聲音聽起來像是奔跑的小狗一樣氣喘吁吁。**這種喘氣聲應該是吐出的氣息撞擊口腔硬顎的結果，而不是來自狹窄、收縮的喉嚨。這股噴氣聲的動力應該來自橫膈膜，它正像風箱快速噴射空氣一般運作，完全地把氣體抽打出來。**你一定會感覺到橫膈膜在你身體的中央部位運作。請將你的手直接放在胸骨下方，感受橫隔膜在那裡活動。

步驟二：控制呼吸。感受喉嚨有一股即將打哈欠所帶動的清涼、愉悅感覺；深深吸入這股氣息，然後感覺肺部正將兩側的下方肋骨往外推，進而推動並壓扁橫膈膜，讓它彎成一道拱形。現在嘗試藉由移動橫膈膜控制氣息釋出。請拿一根點燃的蠟燭靠近嘴部，看看你現在是否能夠以如此緩慢、平均的方式清空肺部空氣，同時，燭火不能有絲毫閃爍。你應該要練習這套方法，直到你可以在燭火文風不動的狀態下，穩定吐氣長達三十或四十秒。

但是，若你收緊喉嚨，這套練習作法會比毫無幫助更糟糕。**釋放空氣必得是由身體的中央部位所控制，絕對不要忘記這一點。**

請嘗試練習三至四次，然後使橫膈膜劇烈收縮，以便生出一口氣吹滅蠟燭。

第三部

政商菁英都在用的開頭結尾技巧

第 9 章

漂亮開場，就是成功的一半

「公眾演說家擅長連結自身經驗，如果你恰好是這個小圈子的一分子，就會經常聽到其他人針對演說架構的中肯評論：『導言要漂亮、結尾要有力。其他內容你愛講什麼就講什麼。』」

——美國政治家、新聞編輯Victor Murdock

「在公開演說時，精采的開頭是最重要的環節。在發表演說的艱難過程中，輕鬆卻又技巧純熟地與聽眾搭上線是最困難的，因為很大程度取決於第一印象與開場白，往往在一場演說的前幾句話就贏得聽眾認同，或失去民心。」 ——Lockwood & Thorpe, *Public Speaking Today*

「黃金法則再清楚不過：盡快直搗主題核心。請厲行這條守則，抗拒花言巧語、耍嘴皮子的誘惑。絕對不可為任何事道歉。請以簡潔、清楚的文字直指要點。撰寫講稿就好比撰寫文章，通常寫著寫著就會回頭刪掉第一段，請從你認為開場白告一段落的地方開始進入正文。」

——Sidney F. Wicks, *Public Speaking for Business Men*

「比起我們應該清醒的程度，我們都只算是處在半夢半醒的狀態，只運用身體和精神資源的一小部分。廣義來說，人類發揮的能耐距離最大極限還很遠，我們依慣性行事，因此還有許多不懂得如何運用的潛能。」

——William James

菜鳥常踩的兩大開場地雷

我曾經請教過西北大學校長林恩・霍夫博士（Lynn Harold Hough），在他漫長的演說家生涯中學到最重要的一堂課是什麼。他沉思了一會兒然後回答：「**想出引人注意的開場白，也就是立刻吸引聽眾注意力的好哏。**」他提前規畫前言與結尾，字字精準；約翰・布萊特、格萊斯頓、韋伯斯特與林肯也都屬這一派。實際上，每一位具有常識和經驗的演說家都會這樣做。

然而，演說的初學者卻在規畫、思考和意志力上付出太少。大腦思考活動是痛苦的過程，一如愛迪生釘在工廠牆壁上的英國畫家雷諾茲（Joshua Reynolds）語錄：「我們會逃避真正花腦力思考的工作，但這份苦差事沒有應急的手段可用。」

法國思想家布萊士・帕斯卡（Blaise Pascal）的五字箴言能幫助你實現目標：「預見即統治。」當你開始規畫講稿時，這也是你應該放在桌面上最貼切的座右銘。當你的頭腦清楚，可以掌握每一個毫無條理的字詞時，就可以預見你將如何開始；一旦沒有什麼事物可以磨滅你的思考，你就可以預見自己想要留給他人什麼印象。

自從亞里斯多德時代以來，相關人士將演說區分為三大部分：引言、主體與結論。從以前到現在，引言經常就像是駕車漫遊一樣輕鬆自在，然而，**世界正以日益加快的速度前進，演說者必須與這個時代沒耐性的特質共存。如果你想要先來一段開場白，相信我，它應該像路牌廣告一樣精簡。**這就是一般現代聽眾的脾氣：「你有話想說？好啊，那就快快說完。不要長篇大論！只要說完就請回座。」

可惜，未經訓練、缺乏技巧的演說者，通常沒有能力來一段值得稱讚、快捷又簡潔的開場白，而且大多數菜鳥演說者大都採用以下兩種開場方式，兩者都糟糕透頂。我們現在就來深入探討。

地雷一：以不相干的幽默趣聞當開場

出於某種讓人啼笑皆非的原因，新手經常覺得自己就應該像個演說家那樣風趣。不過呢，他本人可能天生就像百科全書一樣嚴肅，根本沒有搞笑細胞，可是當他站起來說話的那一刻，他卻想要用笑哏開場。這個想要表現得談笑風生的人，說話內容和方式很可能仍像字典一樣硬邦邦；另外，有很大的機率是他的故事根本不受聽眾歡迎，只能用來證明自己乏味而無聊。

如果一名特技表演者在花錢買票的觀眾前失手好幾次，觀眾就會毫不留情地把他噓下台，而且還會大喊「叫他滾啦」。但一般聽眾其實深富同情心，所以會出於好心盡可能擠出一些笑聲，不過心中自是雪亮，十分憐憫這名自以為幽默大師的失敗演說者！這麼做連他們自己都覺得不自在。我見識過不少這種慘敗經驗。

讓聽眾發笑，是打造演說時最困難、最珍貴的事。幽默可說是一觸即發的感覺，極度個體化、個性化。一個人要不是天生有幽默感，要不就是沒有，一翻兩瞪眼，後天補強也很難有重大進步。

請記住，**故事本身鮮少帶有趣味，所以，其實是敘述的方式決定它成功與否**。演說者若模仿當年爆紅的同一則故事，百分之九十九最終會慘敗。

如果你是少數幸運兒，天生就擁有罕見的幽默天賦，無論如何請務必用心栽培，未來你所到之處都會像巨星出場一樣受眾人追捧；但倘若你就是欠缺這一味，請不要傻傻地東施效顰。

如果你潛心研究名家演說手法，他們講述的故事可能少到讓你大感意外，特別是在開場白部分。旅遊作家卡特爾告訴我，他不曾為了展現幽默感而刻意講述有趣的故事，而是**故事本身就要與主題有相關性、有重點。幽默應該只是蛋糕上的糖霜、夾層中的巧克力，不是蛋糕體本身。**美國最幽默的演說家是詩人吉利藍（Strickland Gillilan），他堅守演說前三分鐘絕不說故事的原則。要是連他都這樣認為，我想你和我沒有道理反對。

如此一來，開場白是否就該沉悶、冗長，甚至過分嚴肅？當然不是。如果可以的話，請舉出一些在地案例、與當下場合相關的資訊或其他演說家的評論，試著撩撥聽眾愛笑的天性。觀察其中的衝突之處，然後誇大這一部分。這種風格的幽默感比起說些有關喜劇電影、婆媳話題或隨便什麼人發明的冷笑話，成功機率大概高出四十倍吧。

或許，**開自己玩笑就是創造歡樂最簡單的手法**，描繪自己置身某種荒謬無稽、令人尷尬的處境，那才是真切體現幽默的本質。我們若是追著被風吹走的帽子跑，或是成為踩到香蕉皮滑倒的倒楣鬼，自己不也會笑出聲嗎？

大多數人可以集結一大堆有衝突、有反差的點子或特質，逗得聽眾大笑。舉例來說，吉卜林曾在一場英國政治演說中用巧妙的開頭製造笑聲。他是在兜售而非製造趣聞，而且是有關自身經驗的軼事，因此他還開玩笑地強調其間的反差之處：

各位閣下、女士與先生們：

年輕時我待過印度，為報社追蹤報導犯罪案件。這項工作很好玩，因為我可以見識許多偽造集團、貪汙分子、謀殺犯，以及那種深富進取心的運動員。（笑聲）有時候，當我報導完他們的審判，通常就會去探望那些已經入監服刑的朋友。（笑聲）我記得其中有一名謀殺罪犯遭判終身監禁，這個傢伙十分聰明、說話流暢，還會對我說起他自己眼中的人生故事。他說：「聽我說，要是有個人行差踏錯，就會愈走愈歪，直到有一天他突然發現歪到回不去了，就乾脆除掉擋在前方的人，這樣就

表示自己已經重返正道。」（笑聲）這個例子恰好描述了當前的內閣。（笑聲和歡呼聲）

以下摘文則是美國總統塔夫特（William Howard Taft）在大都會人壽保險公司（Metropolitan Life Insurance Company）高層的年度晚宴上所展現的幽默。其中的美妙之處，在於他展現幽默風趣的同時也向聽眾致敬：

大都會人壽保險公司總裁與各位長官：

大約九個月前，我從老家出門，在用餐的地方聽了一場餐後演說，講者是一位神色惶恐的紳士。他說，自己曾諮詢身邊一名餐後演說經驗豐富的朋友該怎麼做，對方告訴他，最好的聽眾就是明智有理、受過良好教育但略帶半醉的族群。（笑聲與掌聲）現在，我只想說，就我這個餐後演說者而言，在座各位就是生平僅見的好聽眾，雖然你們少了最後那個要素，不過卻有其他優點足以彌補（掌聲），我得說，這就是大都會人壽保險公司的精神。（掌聲久久不歇）

地雷二：一開口就謙遜道歉

初學者的開場白絕不該犯的第二項天大錯誤就是：一開口就向聽眾道歉。例如：「我不是什麼演說家啦……我還沒做好演說的準備……我其實想不出來要說些什麼……」千萬不要這樣說！絕對不要這樣做！吉卜林有一首詩劈頭便說：「走再遠也沒有用。」這就是當演說者用前述方式開場時，聽眾當下的感受。

無論如何，如果你毫無準備，不用多說，眼尖的聽眾也會發現，遲鈍一點的聽眾則可能無感，那何必引起他們的注意？何必說出這種暗示在座聽眾不值得你花時間費心準備演說的口氣侮辱他們？幹麼要暗示你只是剛好手上有現成的舊材料可以拯救燃眉之急？千萬不要這樣說！絕對不要這樣做！聽眾不想聽演說者道歉，他們坐在這裡是要學習新知、享受樂趣。**請記住，聽眾是來享受樂趣的。**

你站到聽眾面前的那一刻，無可避免就會引起他們的注意。要他們盯著你五秒鐘很容易，但五分鐘就很難了。旦你抓不住他們的眼光，要他們再花時間在你身上就難上加難。所以，**開口第一句就請務必說出厲害的哏，千萬別保留到第二句，甚至第三句。就是第一句！第一句！第一句！**

這時你會回問：「那我到底該怎麼做？」我承認，這確實是大學問。我們若想到處蒐羅素材以便想出厲害的哏，那就得迂迴前進、半信半疑地邊走邊摸索門道。怎麼做多半取決於你自己、聽眾、主題、素材與場合等諸多要素，不過，我接下來提出的試驗性建議，希望有助你產出可用的素材。

在開場白裡埋鉤子，誘引聽眾好奇上鉤

我曾聽過霍偉．希利（Howell Healy）先生在費城勞工體育俱樂部（Peon Athletic Club）一場演說的開場白：

八十二年前差不多同樣這個時節，倫敦出版一本小書冊，注定成為不朽巨作。許多人都稱它是「世界上最偉大的小書」。當它第一次問世時，在大街小巷碰見的朋友都會互問一聲：「你讀了

嗎？」對方一定都回覆：「老天保佑，當然讀了。」

出版首日，首刷一千本秒殺；兩週內追加一萬五千本也照樣賣光，自此它就無止境地印刷出版，而且還翻譯成全世界多種語言。幾年前，J．P．摩根花了大把銀子買到原始手稿，現在它正與其他堪稱無價之寶的收藏品擺在紐約市貴氣逼人的藝術畫廊。他本人把此處稱為圖書館。

這本舉世知名的書是什麼？就是英國大作家狄更斯（Charles Dickens）的《小氣財神》（*A Christmas Carol*）。

這是一段成功的開場白，第一秒就讓聽眾上鉤。隨著演說鋪展開來，聽眾的注意力也被緊緊抓住，他們的興趣受到激發，那正是因為好奇心被點燃、胃口被吊足。

好奇心！誰不會被它影響？

我曾看過林間小鳥帶著純然的好奇心，一小時裡飛進飛出觀察我；我知道住在阿爾卑斯山的獵人會在身上裹著床單伏地爬行，就為了引起羚羊的好奇；狗兒有好奇心，貓咪也有好奇心，其實所有動物皆然。

因此，**請想出漂亮的開場白引起聽眾的好奇心，然後你就能掌握他們關愛的眼神**。

我曾以下述方式打開講述勞倫斯（Thomas Lawrence）上校阿拉伯冒險經歷的話匣子：

> 勞合．喬治說，他認為勞倫斯上校是當代最浪漫、最別具一格的人物之一。

這句開場白有兩大優點。第一，名人語錄永遠有吸睛效果；第二，它會引起好奇心，讓人自然想反問：「為什麼說他很浪漫？」再者，「為什麼說他別具一格？」「我根本沒聽過這個人，他是做什麼的呀？」

作家洛威爾．湯瑪士則是用以下方式發表有關勞倫斯上校的演說：

有一天，我正走在耶路撒冷的基督街，巧遇一名穿著東方君主特有華麗長袍的男人，身側還懸掛一把只有先知穆罕默德後代方能佩帶的金色彎刀。但是此人長相完全不是阿拉伯民族的模樣，因為他有藍色眼睛，但阿拉伯人的雙眼總是黑色或棕色。

這一段話激起你的好奇心了，不是嗎？你會想要繼續往下聽：「這個傢伙是誰？他為什麼打扮成阿拉伯人的樣子？他做了什麼？怎麼變成這樣的？」

有一名學員則是以一個問題切入演說主題：

你知道，當今全世界還有十七個國家實行奴隸制嗎？

這一問，不僅引起好奇心，更會讓在座聽眾大吃一驚：「奴隸制？現在還有？而且是十七國？真是太不可思議了。是哪些國家？分布在哪裡？」

製造懸疑效果往往可以引起聽者好奇，而且會讓對方急著想探知原因。舉例來說，曾有學員以這句驚人說法開場：

我們的立法機構中有一名成員最近在議會中挺身而出，提議通過一項禁令，不准學校兩英里內的蝌蚪變成青蛙。

聽眾聞言失笑：「演說者是在開玩笑嗎？有夠荒謬的。真的完成立法了嗎？」沒錯，再來就是演說者要接著解釋、進入主題。

《星期六晚間郵報》（*Saturday Evening Post*）有一篇文章標題為「和幫派為伍」，第一句這麼寫：

幫派真的是有條理的組織嗎？確實是。他們都怎麼做？

才短短幾個字，寫手就清楚宣布主題、稍微劇透，並引起讀者一窺幫派組織手法的好奇心，非常值得稱讚。**所有演說者都應該研究雜誌寫手採用的技巧，以便第一時間就讓讀者上鉤。你可以從雜誌標題和開頭學到大量開場白技巧的寶貴經驗，這比研究大量講稿有用得多。**

說話大師都在用的八種開場招式

開場招式一：以故事引發好奇

我們特別喜歡聽別人自述親身經歷，作家康維爾曾發表知名演說「鑽石就在你身邊」高達六千多次，笑納數百萬美元。這場廣受歡迎的演說是這樣開場的：

一八七〇年，我們順著底格里斯河（Tigris River）一路前行。我們在巴格達聘雇一名導遊帶我們遊覽伊朗的波斯波利斯（Persepolis）、伊拉克的尼尼微省（Nineveh）與巴比倫（Babylon）……

他就是從一則故事開始說起，引起聽眾注意。這種開場方式可說是萬無一失，因為它呈現動感、一路往前探索，聽眾則是隨行在後，一心想知道眼前會發生什麼事。

我在本書第三章也套用這種故事起頭法。

以下是刊在同一期《星期六晚問郵報》的兩則故事個別的開頭文句：

「左輪手槍尖銳的爆裂聲打破寂靜。」

「七月第一週，丹佛蒙特維飯店（Montview Hctel）發生一件瑣碎的小事，但造成的後果不必然無足輕重。這件事引發住宅區經理高寶（Goebel）的好奇心，因此隔幾天當業主席夫・費洛戴（Sieve Faraday）啟動例行的物業視察時，他轉告對方此事。後者同時也是好幾家飯店的老闆。」

請注意，**上述兩段開場白都帶有行動，揭開某事序幕，引發讀者好奇心，讓你想繼續讀下去、一窺究竟，找出到底整起事件想要說些什麼。**

採用這種說故事技巧，即使是生嫩的初學者往往也可以成功開場，引起聽眾的好奇心。

開場招式二：舉出具體事例

對於一般聽眾來說，又臭又長的抽象陳述既可能有聽沒懂，也可能左耳進、右耳出，但若以實例闡明反而容易得多，那麼，何不一開始就採用這種方式呢？不過，我知道，要改變成這種做法很難，因為我自己也試過。**講者通常認為自己必須先提供一些一般性陳述，其實完全不必要。請舉實例開場，引起聽眾興趣，然後再追加一般性評論。**如果你想要參考範例，請翻到本書第五章的起頭部分。

你有注意到現在正在閱讀的這一章，是採用什麼手法起頭的嗎？

開場招式三：拿出吸睛物品

最容易搶鏡的做法，就是亮出大家想要看的東西，製造吸睛效果，無論是誰都會被這種刺激吸引。舉例來說，有位講者每一次在談話開始前，都會先拿出一枚硬幣，捏在拇指和食指中間並高舉過肩。聽眾自然都盯著他的手看，然後他會開口問道：「在座各位有沒有人在人行道上找到這樣一枚硬幣？它代表著這個人即將發大財。」隨後話鋒一轉，帶到他的主題。

開場招式四：提問

還有另一種特色開場，即拋出一個問題，邀請聽眾與講者一起思考、共同合作。請留意前述《星期六晚間郵報》提及幫派的文章，劈頭第一句就問了兩道問題：「幫派真的是有條理的組織嗎？確實是。他們都怎麼做？」**這種提問並解答的作風，是最簡單、最能確實打開聽眾心防，讓演說者長驅直入的手法。**當其他方法都無效時，總是可以使出這一招。

開場招式五：用名人語錄導入討論

地位崇高的人士說話總是有分量、有吸引力，所以一句切題的語錄是發起討論的最佳方式之一。你喜歡以下討論事業成功的開場白引言嗎？

「我們這個世界願意為了一件事提供金錢和榮譽的超額獎勵，」作家艾爾伯特·哈伯德說：「那就是主動性。什麼是主動性？讓我告訴你：不用等別人說就知道怎麼把事做對。」

由這段話擔綱第一句，有幾項值得稱讚的功能：

第一句就已經引起好奇心，帶著聽眾前進，讓我們希望聽到更多內容。如果講者提到「作家艾爾伯特·哈伯德」後，就要點技巧停頓數秒，肯定能製造懸疑感，聽眾會想問：「我們這個世界願意為了什麼事提供大獎？」聽眾或許不會同意演說者的意見，但不管怎樣，他們都會希望演說者趕快揭曉謎底。

第二句則是帶領我們長驅直入聽眾的內心世界。

第三句換成提問，邀請聽眾參與討論、動腦思考並做些什麼。聽眾喜歡有事可做，而且愛死了！

第四句則是定義主動性。講者在開場白之後，就以一則充滿人性的故事開始這場演說。

開場招式六：連結演說主題與聽衆的切身利益

請從能夠直接引起個人利益的事項說起，這是所有開頭方式中最管用的做法之一。聽眾會對那些觸動內心的事情非常感興趣，因此肯定會引起注意。

這些都是常識，卻很少人真的運用自如。舉例來說，最近我聽到一名演說者暢談定期健康檢查的必要性。他以述說生命延續機構（Life Extension Institute）的歷史開場，從該機構如何從無到有，談到如何提供服務。真是太荒謬了！**聽眾根本對一家公司怎麼形成，沒有任何一丁點概念，他們只對自己擁有莫大興趣**。

何不說明這家企業對他們有多麼重要呢？何不使用以下這類素材開場呢？你可以這樣說：

根據人壽保險表，你知道自己預計可以活多久嗎？套一句保險統計學家的算法，八十歲減去你目前的年紀，然後乘以三分之二，現有年紀加上這個數字就可能是你的期望壽命。倘若你現在三十五歲，八十歲減三十五歲是四十五歲，乘以三分之二就是三十年。從現在開始，你還可以再多三十年……這樣夠嗎？當然不夠，我們都滿心期待可以活更久。不過，人壽保險表上的年鑑是根據數百項紀錄而來，當然，你我都會想要打破紀錄，如果有適當的預防措施，我們有可能戰勝，但第一步就是要先做一場徹底的身體檢查。

然後，如果我們詳細解釋為何有必要定期健康檢查，聽眾可能會想知道，哪些既有的公司提供這些服務。不過，談起這家公司時千萬不要帶有個人情感，否則肯定會被貼上業配標籤，那就完蛋了！

再舉一個例子，一名學員談論保護森林是首要之務，他這樣開場：「我們美國人應該以國家所擁有的資源為榮……」他從這句話開始說明美國人有多麼鋪張浪費，而且以一種不可原諒的速度浪費木材資源。不過這句開場白很糟，平鋪直敘，模糊不清。他沒有讓這道主題在聽眾耳裡聽起來很重要。想想看，聽眾中有人擁有印刷機，森林被摧毀將意味著重挫他的事業；有人是銀行家，資源耗竭會影響銀行，因為會減損整體繁榮……諸如此類的推論。因此，你可以這樣說：

我即將論述的主題將影響各位的生意，像是艾波比先生，還有索爾先生。事實上，在某種程度上，它會影響我們所吃的食物價格和支付的房舍租金，也與我們所有人的福利和繁榮息息相關。

這種說法過於誇大保護森林的重要性嗎？我覺得一點都不誇大，它只是遵從作家哈伯德的訓誡：「描繪畫面，並以引人注意的方式詳加闡明。」

開場招式七：轉述驚人的事實現況

「一篇出色的雜誌文章，」拿自己的名字當作雜誌刊名的創辦人麥克魯爾曾說：「就是製造一連串讓讀者震驚連連的高潮。」

驚人的事實會狠狠讓我們從大夢中驚醒，它們懂得抓住時機，取得關注。以下列舉兩個實例。紐約市一名總裁以這段話展開他對犯罪現況的演說：

當時美國最高法院首席大法官塔夫特宣稱：「我們對刑法的監管，是文明之恥。」

這句開場白有兩大優勢，**不僅出人意料，而且還引用自法學界的權威人士。**

費城樂天派俱樂部（Optimist Club）總裁吉朋（Paul Gibbons）先生談到犯罪時則是採取以下引人注目的聲明：

> 美國人是全世界最惡劣的罪犯。這個主張令人瞠目結舌，卻是事實。俄亥俄州克里夫蘭市的謀殺案件是倫敦的六倍；根據人口比例推估，其搶劫案件是倫敦的一百七十倍，每年都有更多民眾被搶劫，或是被意圖搶劫的嫌犯攻擊，累計件數超過英格蘭加上蘇格蘭、威爾斯的總和；每年在聖路易市發生的謀殺案件數超過英格蘭加上威爾斯；單單紐約市的謀殺案件數也超過全法國、義大利或不列顛群島。悲慘的是，這些罪犯都未曾受罰，要是你犯下謀殺案，判處死刑的機率可能不到一％。如果你是愛好和平的公民，死於癌症的機率比起你身為槍殺他人的惡徒高出十倍。

這段開場白很成功，因為吉朋先生在這番話之中注入不可或缺的力量和熱誠，賦予這段話活力與生命力。然而，我聽過其他學員開始採用類似實例探究犯罪現況，敘述都很平淡無奇，因為他們只重視遣詞用字，架構演說內容的技巧完美無瑕，但是完全沒有內在精神，導致開場精神委靡。

開場招式八：以個人回憶感性導入主題

政府機關立法禁止童婚前幾天，美國社工先驅里奇蒙（Mary E. Richmond）在紐約婦女選民聯盟（New York League of Women Voters）年會上發表演說：

昨天，當一列火車駛經一座離這裡不遠的城市，我想起幾年前當地舉行的一場婚禮。因為本州其他許多婚禮的悲慘程度都和我即將描述的婚禮相差無幾，因此今天我僅說明這樁案例的細節以供參考。

那一天是十二月十二日，一名來自那座城市的十五歲高中女生，與一名在鄰近大學念書的大三生第一次相遇。僅僅三天後，也就是十二月十五日，他們宣誓女孩年滿十八歲，因此兩人無須徵求父母同意得以結縭。他們倆於是帶著結婚證書離開市政辦公室。由於女孩是天主教徒，他們立即向牧師提出申請，但牧師婉拒。這位女孩的母親可能從牧師口中，或是從其他管道得知小倆口結婚未遂的消息，但她在找到女兒之前，就已經有一名治安法官幫他們證婚。之後新郎帶著女孩住進飯店兩天兩夜，最終他離開她，兩人從此未曾生活在一起。

你覺得以上這段開場白如何？我非常喜歡。起頭第一句很漂亮，預示一段有趣的回憶。我們會想要聽到細節，會想要安靜坐下來聽一則感人故事。除此之外，這段話的安排也非常自然，不會讓整則故事聽起來有做研究的味道、不會太正式，也沒有匠氣的斧鑿痕跡。「昨天，當一列火車駛經一座離這裡不遠的城市，我想起幾年前當地舉行的一場婚禮。」聽起來很自然、自發而且人性化；聽起來像一個人將一則有趣故事與另一則串聯起來。聽眾就喜歡這一味。不過，**要當心的是，這種手法非常容易流於精心編造、帶有設計氣息。我們想要的是隱藏設計的藝術。**

卡內基說話學 09
以吸睛開場贏得高關注！

- 演說要漂亮開場不容易，但同時也非常重要，因為聽眾的眼睛雪亮，相對容易留下深刻的印象。開場白非常關鍵，不能交給機率決定成敗，應該要事先精心準備。
- 簡介應該簡潔有力，一、二句話也就足夠，甚至可以跳過。用最少的詞彙直接切入主題核心。
- 初學者慣於用笑話或道歉開場，兩者都是糟糕做法。只有極少數人能夠成功述說幽默軼事，因此上述舉動通常只會讓聽眾感到尷尬，而不是會心一笑。故事應該有相關性，不僅是為了說故事而說故事。幽默應該扮演蛋糕上的糖霜，不是蛋糕體本身。絕對不要道歉，通常此舉會被聽眾視為羞辱，也會讓他們厭煩。請直接切入你想要談論的主題，行雲流水演說完就順勢回座。
- 演說者可以這樣做，以便贏得聽眾的關注：
  (一)以故事引發好奇。(實例：狄更斯的《小氣財神》故事。)
  (二)列舉具體事例。(請詳閱本書第五章的開頭部分。)
  (三)拿出吸睛物品。(實例：一枚代表拾獲者即將發大財的硬幣。)
  (四)提問。(實例：「幫派真的是有條理的組織嗎？」)
  (五)用名人語錄導入。(實例：作家艾爾伯特·哈伯德談及主動性的價值。)
  (六)連結演說主題與聽眾切身利益。(實例：定期健康檢查的必要性。)
  (七)舉出驚人的事實。(實例：談美國犯罪。)
  (八)以個人回憶導入。(實例：談立法禁止童婚。)
- 不要一開口就表現得太正式。讓開場白聽起來自由、隨意，像是自然發生。你可以引用剛剛發生過的事或說過的話達到目的。(實例：「昨天，當一列火車駛經一座離這裡不遠的城市，我想起……」)

完美發聲secret

放鬆下顎的誦讀法

在第三章和第四章的發聲練習中，我們指出放鬆的必要性，尤其是喉嚨部位，但下巴也應該要鬆開。我們多數人傾向緊閉下顎，結果使發音時的聲調有壓迫感，以至於變得單薄、死硬。在這種情境下所發出的聲調當然不動聽。我們的嘴唇與舌頭互相配合作用以唸出字句，因此呼吸的模式很大程度取決於這兩樣器官的運作，其中舌頭又扮演主要角色。下巴構造會讓這種模式變形失真，還會干擾口腔發聲應該具備的美感與精確度。

此外，**僵硬的下顎很容易讓舌頭跟著變得笨拙，但是舌頭的速度、堅實程度與彈性才是我們重視的特點。**

請嘗試以下練習方法軟化我們的下巴。

一、讓你的頭垂落在胸前，直到下巴碰觸到衣服。現在，請抬起頭，但**保持下顎下垂不動。**

二、坐下來，張開嘴巴讓下巴放鬆，就像是雙眼空洞的傻瓜那樣，直到下巴感覺像是懸掛在頭部其餘部分的重物。

如果你徹底放鬆，地心引力會讓它往下掉，就像當你的雙臂放鬆置放在兩側時，地心引力會讓手臂垂落。

三、將手指放在耳朵前方約一公分的位置，也就是下顎下半部的關節處。刻意將嘴張大，然後像是咀嚼食物一樣咬合。請留意指尖放置部位的動作。現在閉上嘴巴，這次換成放鬆下巴，讓它自然垂落。如果你做得正確，也就是沒有使力，這次你的指尖就不會感覺到放置部位在活動。

四、當我們試圖偷聽遠處的對話，卻發現很難聽懂的時候，我們通常會下意識地深呼吸，張開嘴巴專注聆聽。試想一下，你現在正在這種情況下聆聽。試想，你突然聽到遠處的對話，結果聽到令你大吃一驚的內幕，你會做出什麼反應？通常你的肩膀會高聳、身體會向外伸展，像是深呼吸，而且喉嚨還會不知不覺地張開。現在請你這麼說：「喔，你知道他剛剛說了什麼嗎？」你的聲調是不是輕鬆、自在地流動？

請記住，你可以控制下顎的唯一方法就是鬆開它，所以請練習以下動作，直到下巴溫順聽話，而非僵硬、死板又頑固。

【發聲練習回顧】

一、請找一段文章，用假聲大聲誦讀，以便提高聲調嘹亮的程度。（參見第七章的發聲練習。）

二、現在請改用你的自然聲大聲誦讀，運用有彈性的舌尖表現帶有強調的語氣。（參見第六章的發聲練習。）

三、從橫膈膜深吸一口氣，當你放開、放鬆喉嚨後請毫不費力地說：「啊。」請完全放鬆地發音。

四、請回溯第七章的發聲練習，用明亮、快樂的聲調大聲誦讀。

第 10 章

從共通點切入，立即突破對方心防

「你必須取悅聽眾、平息他們的恐懼並消除懷疑，讓他們棄械臣服：『讓我們一起推論出結果吧。』你想達成這個目標，就必須找到雙方的共同點和共通利益。有些結合雙方的事項比切斷雙方關係的力量更強大，這些事項是什麼？你發現的結果將決定演說是否成功。倘若你真的無法取悅聽眾，那就表現出無畏的勇氣，強行索取他們的欽佩與尊敬。有關第一道問題的實例，要是我正對員工演說，不該一開口就強烈抨擊，應該試圖讓他們回想起過往大家更為快樂、忠誠合作的場合，以及壓迫產業的所有憂慮和麻煩。我應該讓他們看到我真誠、不帶一絲痛苦地尋找出路。在每一種情況下都要訴諸聽眾內心最美好的本質，他們回應這類訴求的情形會讓你喜出望外。」

——Sidney F. Wicks, *Public Speaking for Business Men*

「我們爭取權利的方式，通常就是讓奮戰的情緒好似怒火中燒一般熾烈。請容我斗膽地說一句，這是漫漫長路，不是捷徑。如果你握緊拳頭縱身向我撲來，我想我可以向你保證，我會比你更快就握拳相向；但是如果你找上門來然後對我說：『讓我們坐下來一起商量。要是雙方歧見甚深，乾脆釐清為何如此，也就是我們在整件事的哪一個癥結點意見不同。』當場就能發現，雙方的距離其實也沒有那麼遙遠，真正互不同意的要點不多，反而是有許多要點可以取得共識。只要我們有耐性、誠意與合作意願，我們就能並肩作戰。」

——Woodrow Wilson

想贏得贊同，就要先獲得信任

幾年前，科羅拉多燃油暨鋼鐵公司（Colorado Fuel and Iron Company）正為勞工抗爭問題所苦。有人開了槍，因此引發流血事件。帶著仇恨的空氣像是通電般絲絲作響，眾人詛咒的苦主是洛克斐勒。不過，洛克斐勒想與相關員工懇談，向對方解釋並試圖說服他們採用他的方式思考，讓他們接受他的信念。他明白，**這場演說開口的第一句話就必須消弭所有的負面觀感和對抗情結**。從第一句話開始，他就帶著真誠態度漂亮出擊。研究他的演說內容將受惠良多：

今天是我一生中值得紀念的日子之一。這是我第一次有幸看見這家偉大企業的勞方代表、職員和指揮者齊聚一堂。我向各位保證，我很榮幸能夠站在這裡，而且有生之年都不會忘記這場會議。倘若這場會議在兩週前召開，站在這裡的我就會像是從未謀面的陌生人，只認得幾張面孔。上星期我有機會造訪南區煤礦所有的工棚，並和幾位代表個別懇談。除了幾位不在場的代表外，其他人我全都拜會過了。我拜訪過你們的家庭，見過各位的妻兒。今天我們不再是陌生人，而是以朋友的身分見面。我們之間已經互相傳遞友善互愛的精神，我很高興有此機會和各位一起討論有關我們之間共同利益的問題。

由於這是公司主管及員工代表的會議，我得以參加，全是因為各位以禮相待，因為我既不是公司主管，也不是員工代表，但我仍然覺得與各位關係密切，因為從某方面來說，我代表公司的股東及董事雙方。

這番說法真是無比機智。儘管雙方存在尖銳的憤恨，但這場演說仍然相當成功。當洛克斐勒解釋當前狀況的所有事實之後，曾經罷工高呼爭取更高工資的員工，再也沒有四處放話了。

「一滴蜂蜜能誘捕的蒼蠅數量比一加侖毒液還多。」這句古老箴言所言不假。同理也可用在我們人類身上。**假使你想促使某人站在你這一邊，第一步就是要讓他相信你是真心誠意的朋友，這就是一滴贏取對方真心的蜂蜜，一旦成功，就能讓他對你的意見表達贊同。**唯獨你的動機必須公正不偏。

林肯讓敵對者成為鐵粉的方法

林肯在一八五八年競選美國參議院議員期間，宣布要遠赴當時尚未完全開發，因而被譏稱為「埃及」的伊利諾州南部演說。當地居民多是大老粗，在公共場所也攜帶利刃槍械。他們憎恨所有反對奴隸制的對象，於是，這些居民連同幾名從肯塔基與密蘇里兩州遠道而來的南部奴隸主人準備生事。他們此前就先行放話，要是林肯膽敢發表公開演說，就會「把這名該死的廢奴主義者趕出城外」，然後「一槍斃命」。

林肯聽聞對方的威脅，深知緊張情勢一觸即發，卻仍淡定地說：「只要他們能給我一個公平的機會說上幾句話，我就可以說服他們。」於是，他遠下南部，演說前先向當地大頭目自我介紹並熱烈地和他們握手。然後，他發表了我生平聽過最成功的開場白：

南伊利諾州的同鄉、肯塔基的同胞與密蘇里州的同胞，聽說在座各位中有人想讓我吃點苦頭。

我不明白為什麼要這樣做，畢竟我和各位一樣也只是一介平民，那我為什麼不能和你們一樣擁有發表感觸的權利呢？各位兄弟，我是你們中的一員，不是來搗亂的局外人。我出生在肯塔基州、成長在伊利諾州，正和你們多數人一樣，都是在艱苦環境中一步一腳印，走出一片天。我認識肯塔基州和南伊利諾州當地人，我也認識密蘇里州當地人，我是其中一分子，他們認識我的程度應該更深。倘若真是如此，他們就會知道我不是來找麻煩的，那麼，為什麼他們之中卻有人想要找我麻煩？各位同胞，別做這種蠢事，大家不如來做個朋友，以朋友之禮相待。我是全世界最謙卑、最愛好和平的人，不會加害任何人，也不會干涉任何人的權利。我的要求僅僅是讓我說幾句話，而且各位也願意靜下心來聽。你們是勇敢又豪爽的伊利諾、肯塔基與密蘇里人，我相信你們可以做到。現在，就讓我們坦誠相待，討論彼此的看法。

林肯娓娓道來，一臉真誠無欺，聲調充滿深富同情心的熱忱。這套打動人心的開場白平息了蠢蠢欲動的狂風暴雨。事實上，其中許多人轉變態度，不僅聽完演說後報以熱烈掌聲，往後，這群粗魯的「埃及人」更成為最熱烈支持他競選總統的鐵粉。

找到雙方的共同之處，避免對方說「不」

你可能會說：「是還滿有趣的啦，但說了這麼多，到底和我有什麼關係？我又不是洛克斐勒，沒打算對那些一心渴望扼殺、打擊我的狂熱罷工者演說；我也不是林肯，不曾想過和那些雙手都能使槍，滿肚子仇恨的鄉民對話。」

確實如此，但是難道你的日常生活中，從來不需要與意見相左的人展開討論嗎？無論是家裡、辦公室或上市場，都會發生需要說服對方接受你的意見的狀況。你的做法是否還有改進餘地？你會怎麼開場？像林肯一樣費盡心思嗎？還是像洛克斐勒一樣動之以情？如果你都做到了，你真的就是擁有罕見技巧和非凡判斷力的人。**可惜，多數人開場並非站在對方的觀點和願望思考，也並非試圖找到一致的共識，而是擺出自己的意見要對方接受。**

舉例來說，我曾聽過幾百場熱議各種禁令的演說，幾乎每一名演說者都是魯莽地一開口就像是向他人下戰帖，他會立刻就指出自己堅信的方向，並高舉旗幟，堅定地聲明自己的立場毫無改變的可能，卻反過來期待他人拋棄原來的主張，贊成他的意見。所有這類主張都會導向同一結果：沒有人服氣。當下，他直率、富侵略性的開場白就讓他搞砸了，因為它激發聽眾反感；當下，聽眾馬上會說自己不願意全盤接受他的說法；當下，聽眾會起身挑戰他的論述；當下，聽眾就蔑視他的意見。他的演說，最終只是讓意見不同的聽眾更加堅守自身信仰的堡壘。

你看，**他一開口就犯下致命的錯誤，那就是惹毛聽眾**，結果聽眾連忙將身子往後仰，咬著牙根對他說：「才不是這樣！你說錯了！大錯特錯！」

若說有人希望可以說服他人站在自己這一邊，這種結果不是超難看嗎？關於這一點，以下引述歐沃斯崔教授具有啟發性的評論，取自他在紐約的社會研究新學院（New School for Social Research）的講座內容：

說「不」這種回應是最難克服的障礙。當一個人說出「不」的時候，他所有的自尊心都會要求他堅持到底。很可能後來他自覺說「不」是錯誤舉動，但自尊心也不會允許他改變立場。既已說「不」，駟馬難追。因此，在一開始便讓人萌生認同極為重要。技巧純熟的演說家應該一開口就馬上可以得到聽眾「嘖嘖稱是」的反應，這樣一來他就能引領聽眾的心理朝向肯定的方向，就好比撞球，輕輕一推球就會朝一個方向前進，之後得再費點功夫才能讓它轉向，但要是想讓它逆向而行，就得使出更多力氣。

在心理學領域，這一點自是不言自明。當某個人非常認真地說「不」時，言下之意已非單單一、二個字所能言喻。他的全身組織，包括分泌腺、神經與肌肉全都收緊，顯示出一種拒人千里之外的態勢。通常，只要幾分鐘就可以明顯看到他全身上下都處於將要退縮的狀態；簡而言之，整體神經和肌肉系統都在防衛。反之，當某個人說「是」時，全身上下看不到一絲退縮的跡象，所有身體組織都處於前進、接受、開放的狀態。因此，我們只要一開口便能引發更多的「是」，就更有可能成功擄獲聽眾關注我們的最終提議。

讓對方說「是」，其實是一個非常簡單的技巧，但卻鮮少人認真看待！我們似乎常常會在一開始就採取對抗，以便突顯自己的重要性。就像激進派人士與保守派會面時，立刻就惹怒對方！但是，這種做法對整件事有好處嗎？如果這麼做只是為了找點樂子，那也就罷了，但如果他期望從中取得某些成就，這麼做簡直愚蠢到家。

一開始就讓學生、顧客、兒女、丈夫或妻子說「不」的話，接下來就得發揮天使般的智慧和耐心，才能將這種令人抓狂的否定態度轉變成肯定的結果。

我們如何才能一開口就馬上得到令人滿意的「點頭稱是」？其實很簡單。林肯發現：「**我用來開**

場並辯贏對方的方式，即是一開始就找到雙方討論的共同點。」即使他在討論奴隸制這種飽受攻擊的主題時，這種做法也很管用。中立報刊《鏡報》（*The Mirror*）如此觀察林肯的演說技巧：「在前半個小時裡，他的對手便會贊同他所說的每一句話。從那時起，他就會開始一小步、一小步地引領他們往前走，直到最後所有人全都掉進他的手掌心。」

用讚美開場，軟化聽眾的態度

第二次世界大戰結束沒多久，哈佛大學校長洛威爾（Abbott Lawrence Lowell）與參議員洛茲（Henry Cabot Lodge）計畫在波士頓聽眾面前辯論國際聯盟（League of Nations）這道議題。參議員洛茲覺得多數聽眾都懷疑他的觀點，但他想爭取他們的認同，究竟該怎麼做？難道是直接、正面且富侵略性地攻擊他們的信念？不，他發揮至高無上的機智，同時具備令人欽佩的高超技巧。以下將引述他的開場白，請留意，即使是最冷血無情的對手也無法不認同這幾句開場白所傳達的高尚情懷，也**請留意他如何訴諸愛國情操打動對方，觀察他如何傾盡全力消弭雙方觀點的差異，又是如何巧妙地強調雙方共同珍惜的事物。**

閣下、各位女士、各位先生，我的美國同胞們：

我誠摯感謝洛威爾校長提供這個機會，讓我得以向廣大的聽眾致辭演說。他與我是多年老友，我們都是共和黨員。他擔任哈佛大學校長，這所偉大學府可說是美國最重要、最有影響力的大學之一；他本身是傑出校友，也是研究政治與政府領域的歷史學家。現在，就各位眼前所見的這道議題，他與我對於做法各執一詞，但我肯定，在世界和平安全與美國福祉方面，我們卻是有志一同。

請各位容許我就個人立場說幾句話。我其實已經試圖一遍又一遍地說明，而且我以為我說得相當直白易懂，但顯然還是讓少數有心人以錯誤陳述作為爭議的武器，而其他出類拔萃的人或許根本不曾聽過我的論點，因此也誤解我的初衷。有人指稱我反對任何形式的國際聯盟，其實不然，而且是錯得離譜。我十分渴望目睹聯盟成立，由全世界的自由國家組成並合力打造我們所說的聯盟，或是法國人所說的團結的地球村，然後盡一切可能力量確保全世界未來的和平、實現全面解除武裝的目標。

無論在事前聽眾有多麼強烈地反對演說者的立場，這番開場白確實有助軟化聽眾的態度，並讓聽眾變得稍微溫和。這段話也讓聽眾主動地想要聽更多，讓他們相信演說者其實還算公允。且看他如何稱讚對手，如何堅守雙方僅僅是在做法的枝微末節上意見相左，完全無關乎美國福祉和世界和平這等重要問題。他甚至還進一步承認，自己其實贊成某種型態的國際聯盟。所以，在最後的分析中，他與對手只有這麼一點不同：他認為我們應該打造一個更理想、更有效的聯盟。如果一開始參議員洛茲就立即強力主張，相信國際聯盟的人犯下無可救藥的錯誤，甚至是痴心妄想，結果將是做白工。

以下引述羅賓遜教授在深具啟發性、廣受歡迎的著作《心智形成》之相關論述，以昭示為何這類言語攻擊將淪於徒勞無功的心理原因：

我們會發現，自己在改變心意時經常毫無抗拒感、不帶強烈情緒，但要是有人指出我們做錯了，我們反倒會怨恨這道責難，同時硬起心腸來。我們形成信念的過程十分謹慎，一旦有人提議剝奪我們的信念時，我們對這些信念馬上會充滿不成比例的激情。我們自己顯然也不是很清楚為何會出現這些念頭，但自尊確實是受到威脅了。「我的」這短短兩個字，是最重要的關鍵詞，能夠妥善處理這個關鍵詞才是智慧的開端。無論是談到我的晚餐、我的愛犬和我的房子，或是我的信仰、我的國家和我的上帝，全都具有相同的力量。當別人責難我們的手錶不準或老爺車太破爛，我們也會心生不滿。**當我們遭到懷疑時，當下引發的怨怒就會導致我們尋找各種藉口來堅守既定立場。**

拋出人人都感興趣的提問，再引導到你的主張

很明顯，演說者若與群眾脣槍舌戰，只是徒然激怒對方更加頑固、堅持己見，以至於幾乎沒有轉圜餘地。如果演說者說：「我會證明這一點和那一點」稱得上是明智嗎？聽眾搞不好會視為挑戰，並在心裡冷笑：「好啊，就看你怎麼說。」

演說者可以改變方式，從強調自己和聽眾都信服的論點開始，然後再提出人人都希望得到答案的問題，反而更能占上風。接著，就可以引領聽眾一起認真尋找答案。**在搜索答案期間，呈現事實，並有意無意地將結論導向好似聽眾自己想出來的妙答。聽眾一旦相信事實是自己發現的，就會對其產生更強烈的信念，即「最好的主張看起來要像是一道說明。」**

在每一次爭議中，無論彼此歧見有多嚴重，總是可以找到彼此都同意的共識，演說者可以立足在這一點，邀請所有人參與他發掘事實的行列。

以下來看看派屈克・亨利（Patrick Henry）如何慷慨激昂地發表演說。派屈克・亨利是十八世紀美國爭取獨立自由的熱血政治家，著名演說結尾是：「不自由，毋寧死。」不過，其實亨利是帶著相對平靜且機智的做法發表這番激動人心、奠定歷史地位的演說。在當時美國殖民地居民應該從英格蘭獨立出來的爭論中，他發表了以下演說：

議長先生，沒有誰比我更崇敬在議會上發言的各位先進所懷抱的愛國熱忱和才幹，但是每個人看待問題都有各自不同的角度，因此，倘使我抱持的觀點與各位截然不同，盼不至於被認定是對他們不敬。此刻我們已經沒有餘裕禮尚往來了，在這間會議室裡，我們面臨的問題是這個國家正瀕臨存亡時刻，就我個人而言，唯一的問題就是我們要爭取獨立自主，還是繼續為奴。茲事體大，所以應該容許任何人對此暢所欲言，唯有徹底正反論證，我們才有望闡明事實，實現上帝和國家託付的重責大任。此時此刻，如果我因為忌憚冒犯他人而保持緘默，我會認定自己犯下叛國大罪。

議長先生，耽於幻想是人類天性。我們很容易視而不見令人痛苦的事實，選擇聆聽蠱惑人心的海妖賽倫（Siren）歌聲，直至她將我們變成牲畜為止。難道那些為了爭取自由因而投身艱苦奮鬥的智者是這樣的嗎？有些人雖然有眼睛卻選擇不看、有耳朵卻選擇不聽，對切實關係到他們現世救贖的事物毫無關心，難道我們打算與這一群人為伍嗎？就我而言，不論精神上會造成什麼痛苦，還是寧可知道全部真相，了解最糟糕的情況，並為此做好萬全準備。

亨利感受到現場熾熱的氣焰，不過他卻選擇開始讚美、謳歌立場相左的反對派愛國主義人士。請留意，**他在第二段提出的問題讓聽眾自己歸納出結論，也因此認同他的思考方式**。

這種讚美的力量，並不牴觸第五章所談到的能量和熱忱。凡事要講究時間和場合，極少演說在一開始就出現討論的時機，此時，這種讚美的機智就更派得上用場。

卡內基說話學 10

想要取得認同，請從「不否定」開始著手！

- 從共通點開始，讓所有人在一開始就認同你。
- 不要立刻陳述個人主張，以免聽眾一開始就否定。一旦某人說「不」，自尊就會要求他堅持下去。演說者若一開口便能引發更多的「是」，就更有可能成功擄獲聽眾關注最終提議。
- 請勿一開口就打算論證A、B、C，這種做法很容易招來反對。請反向提出中肯的問題，讓聽眾加入你的行列一起尋找答案。
- 不須發動任何舌戰，請一一呈現事實，讓群眾自行形塑自己的觀點。

完美發聲secret

提升嘴脣靈活度，聲調更清晰

剛起步的演說者幾乎都會飽受神經緊繃的困擾，特別是在演說一開始那段時間，因為緊張會讓喉嚨肌肉收緊、使下顎與嘴脣變僵硬，一眼就能看得出來。我們在前面的章節中已經闡述過放鬆喉嚨和下顎的指導方針，這裡讓我們將注意力轉向僵硬、失去靈活度的嘴脣，因為它會成為你的障礙和負擔。**嘴脣應該自由、有彈性，這樣才有助塑造清晰美麗的聲調。**只要你願意聚精會神練習，就可以在你的聲調中注入力量，提升說話魅力。我所能做的就是在這裡開出處方，但你必須服用才會見效。

就以「no man」（沒有人，音近「諾曼」）為例。當你說「no」時，雙脣會稍微外凸並收攏成圓形；當你說「man」時，雙脣就會盡可能地收回。請用誇張的方式唸出來，讓雙脣張大形成露出牙齒的笑容。試想一下，你正擺出牙膏廣告才會看到的咧嘴大笑。現在請快速重複：no man、no man……

加入另外一個字「no mind」（沒有腦，因進「諾麥」），然後再試一次：no man、no mind、no man、no mind……

請反覆誦唸以下句子，記得要誇張地打開嘴脣，並盡可能維持：

So we do see across the lea.（所以我們真的望過一片牧草地。）

Make a note of it and say I met the ice man drinking oil and selling booze.（記下來，說我遇到了邊喝油邊賣酒的冰人。）

I say turn loose the nice cats and let them eat the fat and saucy rat.（我說，鬆綁那幾隻漂亮的貓，讓牠們吃掉又肥又調皮的老鼠。）

Ah, get nice ice and bathe his foot in boiling oil.（啊，拿來冰塊，讓他用沸油洗腳。）

The open sea lures the gulls and calls to me.（廣闊大海引誘海鷗並呼喚我。）

【發聲練習回顧】

一、鬆開你的下巴，讓它自然往下垂落。深吸一口氣，感覺好似把空氣吸入肚子裡，然後不使一絲力氣，輕輕唸出「啊」。

二、再深吸一口氣，大幅揮舞雙手說：「我很放鬆自在。我的下巴很放鬆。我的喉嚨張開了。任何地方都沒有壓力。」

三、第三度深呼吸，並盡可能在這一口氣之內，採用我們學到的橫膈膜呼吸、放鬆、呼吸控制的所有原則。請將呼吸氣流控制在橫膈膜這個唯一定點處，確保它不會干擾到發聲。

四、請用假聲發音（請詳閱第七章），重複任一段著名詩文。即使你覺得假聲發音很可笑，仍請試著誦讀出感動該名作家、使其提筆創作的精神。請誦讀詩文，直到感受到箇中真意為止。

第11章

六大收尾妙招，帶著掌聲優雅下台

「結論也同樣具有明確的工作目標，即是讓演說得以圓滿結束，它得在關鍵時刻抓住聽眾熱切的注意力關注整體演說。結論能將思維的線索串接在一起，並結合、完成演說的結構。明確規畫並用心推敲你的結論。絕對不要笨拙又突兀地結束演說，也不要匆匆忙忙地嘟噥著：『以上內容就是我想要表達的意見。』請為你的演說畫下完美句點，這樣聽眾才會知道演說已經有始有終地結束了。」

——Collins, *Platform Speaking*

「時鐘與布道的時間長短無關，一點關係也沒有！一場冗長的布道，是聽眾覺得說太久了，但一場簡短的布道，卻是結束時他們依舊意猶未盡。一場布道可能短則二十分鐘，也可能長達一個半小時，如果能讓聽眾想要繼續洗耳恭聽，他們會忘了查看或根本不在乎時鐘已經走了多久。光是查看時鐘其實無從判斷布道究竟是長是短，應該要審視聽眾的神情，看看他們的手放在哪裡。如果他們的雙手大部分時間都放在口袋裡，時不時拿出手機查看你究竟已經用掉多少時間，這著實不妙。再看看他們的雙眼望向何方，就知道他們的心思都飄向哪裡，然後你會清楚知道，一天之中的哪一個時段適合特定的布道，因為它可能是結束的最佳時機。」

——耶魯大學神學院院長Charles R. Brown, *The Art of Preaching*

說話功力是否到家，看結尾方式就知道
——新手兩大收尾誤區與補救之道

整套演說最可能暴露欠缺經驗值、專業度、拙劣或技巧的部分，就是開場與結尾。戲院有句形容演員的老話說得好：「看出場和退場就知道功夫好不好。」

開頭與結尾，幾乎是所有活動中最難以純熟駕馭的環節。例如，在社交活動中，最不容易的就是優雅進場與退場；商業會晤時，最困難的工作是致勝起頭與成功結案。

收尾真的是一場演說中最具策略意義的重點，演說者說的最後一句話、最後一個字會在語畢後繚繞耳際，這些很可能都會被聽眾久久記得。然而，很少初學者了解收尾的重要性，因此他們的結尾往往都還有很多不足之處。

以下是新手最常犯的錯誤，讓我們稍加探討並找出補救措施。

首先，有人這麼收尾：「以上內容就是我針對這個議題想要表達的意見，所以我想我差不多該喊停了。」這句話不是收尾，反倒是個錯誤，帶有明顯的不成熟。如果這就是你想要說的話，何不完整呼應你的演說，然後迅速走回座位就好，何必強調你即將結束話題。就請這麼做，然後帶著安全感與好品味，把「以上內容就是我想說的話」的推斷留給聽眾自行裁決。

再來，有些演說者會說，自己可以滔滔不絕地說個沒完，但就是不知道怎麼喊停。我相信作家賈許・畢令思（Josh Billings）曾經建議大家，乾脆不要迎面挑戰困難，迂迴解決更好，因為最終比較容易放手。就好像演說者眼前就有一頭活生生的公牛，希望能夠就此把牠甩開，但是儘管他傾盡全力嘗試仍無法逃離寸步，所以最後只能停在原地打轉，鬼打牆似地一再重複，結果在聽眾心中留下惡劣的印

象。

補救之道是：必須為結尾做規畫。然而，身在台上面對聽眾，一定會感到緊張與壓力，你的大腦也必須專注於自己正在說的內容，不可能再分出心神。因此我會建議你，最明智的做法就是在事前冷靜地準備好結尾。

即使是成就斐然、精於遣詞用字的演說家，一樣覺得有必要以白紙黑字寫下講稿，而且還會刻意逐字逐句背誦結尾部分。

如果初學者也跟隨他們的腳步，就不太會出差錯。**事前準備好，就會非常清楚自己想要在結尾時重申什麼想法，一定要把想法明確形諸文字，並在事前多次排練，避免每次都使用同樣的措辭。**

在即席演說時，有些要點經常必須大幅修改或刪除，以便符合不可預期的發展，這樣才能與聽眾的反應和諧一致。所以，**一次規畫二至三套結尾論述真的是很明智的做法。倘若其中一套不合宜，換一套即可。**

有些演說者根本還沒做出結論就下台了。他們說著說著，就會開始結巴、語無倫次，好比汽油耗盡時再也無法點火一樣，絕望地試了幾次後就會徹底陷入停頓與崩潰。當然，他們需要的是更妥善的準備、更充分的練習，就像是在油箱裡加滿油。

許多新手往往突然就踩煞車，收尾的手法一點也稱不上順暢，完全沒有結束感。嚴格來說，他們根本沒有好好結束演說，只是突然喊停，讓人猝不及防。這種做法令人不快、顯得生嫩，就好像在一場社交談話中，其中一名友人未向眾人告別，就突然抽離談話圈，轉身離開現場。

一段好結尾，翻轉林肯的總統就職演說境界

林肯在第一屆總統就職典禮的原始草稿中就曾犯下前述錯誤。那篇講稿發表的時間點氛圍緊繃，全國籠罩在分裂和仇恨的黑暗之中。幾個星期後，挾帶鮮血與巨大破壞力的風暴就要全面襲擊這個國家。當時林肯打算對著南方百姓傳遞以下的結論：

各位心存不滿的同胞們，在你們的土地上，內戰這道重大議題將如何解決，其實掌握在各位手中，不是操之在我。政府不會指責你們，若各位不當侵略者，就不會遭遇衝突。你們或許不是與生俱來就帶著毀滅政府的誓約，但我卻肩負一道最嚴肅的誓言，必須捍衛、保護這個政府，並且要為它而戰；你們可以放棄攻擊政府，但我卻不能逃避保護它的責任。「和平相處或是大動干戈」，這道嚴肅的問題掌握在各位手中，而非任我決定。

他把講稿交給國務卿西華德（William Henry Seward）過目，國務卿指出，結尾太直率、太突兀，也太挑釁，所以試著協助修改。事實上他寫了兩個版本，林肯採用其中之一並稍作修改，取代原先版本的最後幾句話。結果，第一次就職典禮演說不僅抹除挑釁與突兀感，更昇華到融合友好、純粹美感和詩意的高超境界：

我痛恨這樣結束。我們不是敵人，而是朋友。我們絕對不能成為敵人。雖然強烈情感或許會導致情勢緊張，但絕對不能破壞我們之間的情感與友誼。記憶中的神祕情感從每一名戰死沙場的愛國

志士之墓對外延展，觸及這片廣袤土地上活生生的每個人、每個家庭，這種共鳴將會強化國家的團結聲浪。屆時，我們將會，也必然會展現更美好的天性來愛護這個國家。

觀摩演說家如何打造結論，培育敏銳直覺

結尾有制式規則嗎？當然沒有。它就像文化一樣過於精緻，無法依樣畫葫蘆。結尾不僅僅是仰賴感性，幾乎是憑直覺行事。演說者往往憑著感覺，知道何時該和諧、巧妙地收束。

但是，這種「感覺」確實可以培育，培育之道就是研究其他成就斐然的演說家已經走過的路。以下僅舉威爾斯親王（Prince of Wales）在加拿大多倫多帝國俱樂部（Empire Club of Toronto）發表演說的實例說明：

諸位，我很擔心自己已經稍有踰矩，過度談論自身相關的瑣事。但我想要告訴各位，在座聽眾的人數是我有幸在加拿大發表演說以來的最高紀錄，這讓我深深感受到自身地位及伴隨而來的責任之重大。我只能向各位保證，在下將時時恪守這些重責大任，斷不辜負各位對我的信任。

就算是沒看到演說者本人，聽眾也感覺得到這就是結論。它不像一條沒有綁好的繩子鬆軟地擺盪在空中，也不顯得粗糙刺耳、凌亂失序；反之，這樣的結尾圓滿完整，就此打住。

接下來，讓我們欣賞林肯第二次就職典禮演說的精采結論。牛津大學校長寇松（George Curzon）曾

高度讚揚這場演說「不僅是人類辯才中的傑出代表，更是超凡脫俗的黃金典範」，請感受行文中那股莊嚴的語氣、有如琴聲般優美的旋律：

我們真誠盼望、真心祈禱，但願這場戰爭的災難盡快遠離我們的生活。但是如果上帝的旨意是要使這場戰爭持續兩百五十年，代價是完全耗盡那些未曾收受分毫報酬的奴隸所積聚的財富，是承受皮鞭鞭打而流淌的每一滴血，都要用另一滴刀劍砍傷所流的血補償，那麼，我們也仍必須說出三千年前的同一句話：「上帝的審判是公正嚴明的。」

我們對任何人都不抱持惡意，對任何人都懷抱慈愛；上帝讓我們看到哪一邊是正確的道路，我們就堅信那是正確之途。且讓我們繼續奮鬥，完成進行中的工作，療癒國家的創傷、照顧艱苦奮戰的鬥士及其遺孀、遺孤，也盡一切努力實現並維護我們自己人，以及我國與他國之間的公正和永久和平。

親愛的讀者，你剛剛閱讀的這一段文字，是我認為堪稱凡夫俗子所能說出最至善至美的結論。在演說文學的領域中，除了這篇講稿之外，你還能找到另一篇比它更具人性光輝、純粹愛意與深富同情的論述嗎？

「蓋茲堡演說已是典範之作，」《亞伯拉罕．林肯的一生》（*Life of Abraham Lincoln*）作者巴頓（William E. Barton）評論道：「但這篇講稿卻又更上一層樓，這是林肯最偉大的一篇講稿，將他的智慧、精神與力量發揮得淋漓盡致，臻至巔峰。」

「它就像是一首聖詩，」曾任美國內政部長的舒茨（Carl Schurz）寫道：「自古至今沒有一位美國總統能對著人民講出這樣一番話；美國人也從來沒有看過任何一位總統能夠用如此完美的語言表達心聲。」

適用於各種場合的六大收尾妙招

很多人看到這裡，一定在想：我又不會以總統身分在華府發表不朽聲明，也不會以總理之姿在加拿大或澳洲首都發表演說，我的問題就只是如何在一群商務人士面前完成一場簡單的談話。你該怎麼做才好？以下就讓我們稍微研究一番，看看是否能找出一些有用建議。

方法一：總結要點

一般演說者，儘管只需要發表三至五分鐘演說，也非常容易不知不覺就天南地北暢聊，以至於收尾時，聽眾還是聽不太懂主要論點究竟是什麼。然而，只有極少數演說者會留意到這種情況，多數仍自我感覺良好地相信，這些觀點在他們自己的腦海中就像水晶球那般清晰，所以聽眾也應該和他們一樣明白才對。事實不然。**演說者已經反覆推敲自己的觀點好一陣子，但對聽眾來說卻是第一次體驗。**演說者拿這些觀點一次對著聽眾廣灑，有些確實會留在腦中，但大部分卻是讓他們徒留困惑。聽眾的感覺可能像是一大堆事情胡亂塞在腦中，卻梳理不出一條清晰思路。

一位愛爾蘭政治家針對發表演說設定步驟：「**首先，告訴聽眾你想對他們說幾句話；然後就如實**

說出你想說的話；最後是讓他們知道你已經說完想說的話。」這步驟還不賴，尤其「讓他們知道你已經說完想說的話」是一句非常值得推薦的建議，當然，要快速簡潔地總結大綱。

以下列舉一則精采範例。演說者比爾先生是芝加哥鐵路公司的交通業務經理，這是他對公司董事成員發表的內容結尾：

諸位，簡單來說，根據我們實際操作這套信號裝置的經驗，加上我們在東部、西部與北部使用的紀錄看來，它的運作已證實效果極佳。實際上，該裝置在一年內阻止許多撞車事件發生，而且還能省下大筆金錢。是故，在下僅以最急切、最坦誠的態度建議各位，立即在我們的南部分公司安裝這套機器吧。

這位演說者成功讓聽眾有切身的體會，而且整段話沒提其他重點，只花百餘字收尾就已經概括整場演說的目的。

這種總結方法確實有幫助，請把它當成自己的技巧加以練習。

方法二：呼籲採取行動

前述結尾範例同時也是「請求採取行動」手法的漂亮示範，演說者希望達成的目的是在他所服務的鐵路公司南部分處設置一套信號攔阻系統。他依據省下大筆金錢、阻止撞車事件發生這兩大訴求，希望公司採取行動。這並不只是一場練習演說，而是對著鐵路公司董事成員發表的內容，目的是要說服經營高層答應設置這套信號攔阻系統。

第十五章將進一步詳細闡述呼籲他人採取行動時可能面臨的問題及解方。

方法三：簡潔、真誠的讚美

偉大的賓州應率先推動新時代來臨。賓州是鋼鐵生產重鎮、全球龍頭鐵路公司之母、美國第三大農業州，也是全國商業中心之一。眼前的光景從未如此光明燦爛，領導全國的機會也從未如此輝煌奪目。

卡內基鋼鐵公司總裁查理斯・施瓦布（Charles Schwab）就是使用上述說法總結自己在紐約賓州同鄉會發表的演說，令聽眾倍感雀躍歡欣。這是一種令人欽佩的收尾方式，但是**句句必須出自真心誠意才有效果。千萬不可阿諛奉承，更不可誇大其辭，倘若處理不當，這種收尾方式就會顯得虛偽做作，令人反感。**

方法四：幽默做結

「當你道別時，」美國演員喬治・柯恩（George Cohan）說：「**務必要讓聽眾帶著笑容離去。**」倘若你有這等能耐也有可用的演說內容能夠辦到，那當然最好！問題是，要怎樣才能做到？

當勞合・喬治在衛理公會教徒的集會上，針對創辦人約翰・衛斯理（John Wesley）之墓發表極其級嚴肅的演說，誰也不敢指望他能帶著笑聲離開會場。但請注意他如何巧妙地成功辦到這點，又是如何圓滿地讓整場談話平順、漂亮地收尾：

我很樂見各位開始整修他的墓園，它理當受到尊重。他格外憎惡任何不整齊或不清潔的事物。我記得他曾說過：「不可讓人看到衣衫襤褸的衛理公會教徒。」正因如此，你們絕對看不到形象邋遢的教徒。（眾人笑）放任他的墓園荒草蔓生將是加倍不敬。各位記憶猶新，有一次他經過英國中部德比郡，一名女子奔向他大喊：「上帝保佑你，衛斯理先生。」他回答：「這位年輕的姑娘，要是你的臉孔和圍裙更乾淨一些，你的祝福會更有價值。」（眾人笑）這就是他對不整潔的觀感。因此，千萬別讓他的墓園髒亂不堪，要是他偶爾行經此處卻目睹這種情狀，肯定比任何事都傷他的心。請用心照護它。這是一座值得紀念的神聖墓地，也是各位的信仰寄託之所在。（眾人歡呼）

方法五：引用著名詩句或箴言

在所有收尾的手法中，幽默或詩句是聽眾接受度最高的兩種型態。事實上，如果你能為結論找到合適的詩歌短句，那幾乎就是理想結局。這種收尾法會使整場演說餘音繚繞、帶出自持自重的莊嚴感，還會彰顯個人獨特風格，更會製造美感。

國際扶輪社的哈利．羅德爵士（Sir Harry Lauder）就是採用這種手法結束他在愛丁堡大會對美國扶輪總會成員代表的演說：

各位返家後，有些朋友會捎來問候的明信片。不過，就算你沒打算這麼做，我也會寄一張給你。你很容易就知道那是我寄的，因為上面不會蓋戳印。（眾人笑）但是我會在背面寫下這幾句詩文：

春去夏來，秋去冬來。
萬物榮枯自有定律，正如你所知，
但唯有一事永如朝露清新，
那是我對你永恆不變的愛意與情意。

這幾句短詩符合哈利．羅德的個性，毫無疑問也契合他演說時的氣場，因此營造出整體融洽的氛圍；但倘若是某位正式、拘謹的扶輪社員套用在嚴肅的演說尾聲，可能就會顯得很荒謬。

以我多年的經驗，**要提供適用所有場合的普遍原則根本不可能，因為主題、時間、地點和對象都是影響演說結尾的變數**。如果你想找到符合自己個性的引言，名人語錄和《聖經》箴言等都是很實用的參考。

方法六：製造高潮

製造高潮結束演說是一種常見手法，但往往很難控制，而且並不適用所有演說者或所有主題的結尾。然而，如果拿捏得宜，就會畫下完美句點。本書第三章闡述的費城獲勝講稿就是高潮收尾的出色實例。

林肯在尼加拉瀑布的演說草稿便採用高潮收尾法。請留意，他所列舉的比喻一個比一個強烈，而且他拿自己的時代與哥倫布、基督、摩西和亞當對比，醞釀出累積的效果：

這使我們憶起久遠的過往。當哥倫布成為發現這片新大陸的第一人、當基督還在十字架上受苦、當摩西領導以色列人穿越紅海，不對，甚至是在亞當成為出自造物者雙手的第一人時，尼加拉瀑布早已在此地轟隆怒吼，就和現在一樣。已經絕種的巨人族雙眼曾經和現在的我們一樣凝視著尼加拉瀑布，如今他們的骨頭已埋藏在土墩中；尼加拉瀑布遠比史上第一個人類更早出現，但至今仍和一萬年前一樣聲勢浩大、生生不息。冰原巨獸長毛象、乳齒象也曾經活生生地目睹尼加拉瀑布，但如今早已滅亡，唯有骨頭碎片才能證明牠們曾經生存在這個世界上。在這段漫長無比的時間洪流裡，這座瀑布從未靜止過一分鐘，從未乾枯、從未冰凍，也從不止息。

長篇大論易使人生厭，務必力求簡潔扼要

演說者一旦不懂得刪減自己的談話內容，以便適應發展飛速的時代氛圍，將不容易受到歡迎，甚至有時候還會遭遇排擠。因此，**你必須不停狩獵、搜索、實驗，直到歸納出完滿的結尾和起頭，然後把兩者兜在一起。**

《星期六晚間郵報》編輯洛里莫告訴我，他總是在某一系列的文章來到最受歡迎的巔峰時期就喊停，惹得讀者紛紛跪求繼續刊登。為什麼要在當紅的時候喊停？「因為，」洛里莫先生說：「在人氣爆棚的最高點，讀者就會獲得滿足感。」

同樣的智慧可以也應該適用於演說，看準聽眾情緒高漲的時機喊停。

基督發表過的最偉大演說就是《登山寶訓》，僅花五分鐘就能複述全文；林肯的蓋茲堡講稿也只有區區十句話；我們閱讀《創世紀》上帝創造世界的整段故事，花費的時間可能比你清早讀完報紙追蹤謀殺案的始末還短。務必簡潔扼要！務必言簡意賅！

非洲尼亞薩（Nyasa）地區副主教強森博士（Doctor Johnson）曾撰寫一本關於當地原住民的書籍，他已與他們一起生活四十九年，長期觀察原住民的生活行為。他說，當演說者在村莊的聚會或重要集會說個沒完沒了，聽眾就會噓聲四起：「夠了！停下！」

此外，據說另一個部落則是規定演說者必須抬起一隻腳往前伸，單腳能站多久就能講多久，一旦撐不住讓趾尖落地，就得下台一鞠躬。

卡內基說話學 11

總結收尾，才能讓人對重點留下印象！

- 演說的收尾確實是最講究策略的要素，因為最後一句話可能最長久被記在心上。

- 「以上內容就是我針對這道議題想要表達的意見，所以我想我差不多該喊停了。」不要這樣總結你的演說。該停就停，但不用宣告喊停。

- 事先仔細規畫結論，花時間排練，直到幾乎逐字逐句記住整個結論。讓開頭與結論相互呼應，不要讓結尾聽起來像是未經打磨、支離破碎的粗糙岩石。

- 六大收尾妙招：
  (一)總結要點。
  (二)呼籲採取行動。
  (三)簡潔、真摯的讚美。
  (四)幽默做結。
  (五)引用著名詩句或箴言。
  (六)製造高潮。

- 漂亮開場、圓滿收尾，而且要讓兩者相互呼應。永遠要在你的聽眾開口要求之前就喊停。記住：在人氣爆棚的最高點，聽眾就會獲得滿足感。

用哼唱訓練共鳴

優美聲調的三大基礎原則就是正確呼吸控制、放鬆與共鳴。我們已經闡述過前兩點，現在我們來深究第三點：共鳴。共鳴可以加強並美化你的聲音。

身體的作用就是聲音的響板，好似音樂家演奏的旋律是透過小提琴或鋼琴的琴身放大、美化一樣。聲調一開始由聲帶產生，但在碰撞胸部、牙齒、口腔頂部、鼻腔和臉部等部位的堅硬骨骼結構後就會反射回響，而這種回響會賦予聲音最重要的品質。試想，聲音就像是對空發射的火箭，從你的橫膈膜上升，穿越肌肉放鬆的喉部，然後碰到鼻孔和頭部骨骼，並因此發出聲音。

問題並不在於共鳴，我們這一輩子都是用共鳴說話的；真正的難題是，說話聲距離一旦超過三公尺就聽不到。因此，**我們的任務就是要提升共鳴程度**。那應該從何開始呢？且讓我引述傅奇托（Salvatore Fucito）和拜爾（Barnet J. Beyer）兩人合著的《卡羅素與歌唱藝術》（*Caruso and the Art of Singing*）一段有趣的論述略加說明：

「坊間已經有許多文獻資料討論，哼唱對發聲練習貢獻良多，如果我們正確練習哼唱就可以提升共鳴。但多數人的哼唱聽起來像是貓咪的叫春聲，因為他們的下巴、嘴唇、舌頭和聲帶都太僵硬。當然，發音部位應該在哼唱時就定位，這樣才能發出優美聲調：這時，**臉部肌肉、下頷和舌頭都應該完全放鬆，好似處於休息或睡眠狀態一樣；嘴脣則應該輕輕兜攏**。如此，聲調的振動既不會被礙事的肌肉阻隔，也不會受到力量壓迫反從鼻腔發出；反之，它們會在鼻腔產生共鳴，使得音調圓潤、美麗。」

現在，且讓我們藉助放鬆的舌頭、喉嚨、嘴唇和下巴，選唱一首你熟悉的老歌。

你第一次哼唱這首歌時，請把手掌置放頭頂，感受頭頂的振動。

以下是最重要的步驟：當你練習各種共鳴方法時，請第一步就先動用橫膈膜深呼吸、放鬆胸部，感受它隨著呼吸起伏。請留意，當你在深深吸入空氣時，請感受臉部、鼻子和頭部會有一種打開的感覺。當你開始哼唱並呼氣時，完全不要去想呼氣這件事。試想你還繼續在吸氣，還繼續在腦中體驗著那一股開放的感覺。這一步意味著開放的腔部可以加強、放大共鳴效果。請在你所有的演說培養這種吸入感。

現在，請再次哼唱這首歌。這次把你的手放在腦後，感受其振動。

第三次哼唱時，請想像在鼻腔裡的聲調好似正向上流入鼻子，就像吸氣的感覺一樣。請用拇指和食指輕輕捏住稍低於雙眼的鼻梁部位。當你哼唱時，請感受那裡的振動。

接著，請選另一首歌哼唱，變換一些花樣。這次哼唱時，請想著你的嘴唇。將食指放在嘴唇上，感覺其振動。**嘴唇應該持續振動直到開始發癢。**

現在請盡可能壓低音調再次哼唱這首曲子，同時請張開雙手，掌心放在胸上，感受振動。

再次哼唱，但右手掌繼續放在胸上，左手掌則在頭部和臉部各處游移。請試著感覺全身振動，引起共鳴。我認識的歌手在哼唱時，甚至感受得到自己的手指和腳趾都在振動。

唱歌本身就是一種精采的發聲練習，且讓我們利用已討論的所有發聲原理唱出熟悉的老歌。

第四部

把話說進心坎裡的黃金實戰法則

第12章

掌握解說秘訣，傳達訊息不漏電

「十之八九的讀者把清楚易懂的論述當成事實。」

——*Encyclopedia Britannica*

「謹慎研究你的發言內容，白紙黑字寫下來，或是在腦海中對著虛擬聽眾大聲誦讀。井然有序地安排各項要點並循序漸進，依據各項要點的優先順序分配論述的時間，逐一說完後就應該打住。」

——美國作家Edward Everett Hale

「如果你對著一群商人談論《舊約》裡的先知所羅門，請比喻他是當年的金融鉅子J．P．摩根；如果你與棒球粉絲談到《聖經》裡的大力士參孫，請比喻他是美國職棒之神貝比．魯斯（Babe Ruth）；當作家西蒙斯（Frank H. Simonds）動筆描述福煦大元帥擊潰興登堡防線（Hindenburg Line）的策略時，描繪重擊大門上兩道絞鏈的畫面當作比喻；同理，法國作家雨果拿字母A比喻滑鐵盧的戰場，艾爾森（Elson）則將蓋茲堡演說比喻成帶來好運氣的吉祥物馬蹄鐵。雖然不是人人都經歷過戰爭，但大家都知道大門、馬蹄鐵和英文字母。」

——Glenn Clark, *Self-Cultivation in Extemporaneous Speaking*

「我會帶著所有作品去找家父，然後他會要求我大聲誦讀。當時我總覺得痛苦萬分，因為他總是時不時就會打斷我：『這句是什麼意思？』於是我便對他解釋。當然這麼做可以讓我更清楚表達原本文義模糊之處。『那你幹麼不一開始就這樣寫？』接著他就會說：『不要妄想拿小槍轟炸全村，拿來福槍擊中你想表達的單一目標就好。』」

——Woodrow Wilson

演說四大主要目標，瞄準其一即是成功

在戰爭期間，一位著名的英國主教赴美國長島（Long Island）艾普頓營地（Camp Upton）對目不識丁的阿兵哥說話。他們正在前往戰壕的路上，但沒幾個人知道自己為什麼會被送往前線。不過，這位主教仍對這些阿兵哥大談特談「國際親善」和「塞爾維亞有權利在太陽底下占有一席之地」，然而這些阿兵哥超過一半都搞不清楚塞爾維亞是城鎮還是疾病名稱。

我無意貶低主教。他渾身上下散發學者風範，或許他在一群男大學生面前力量強大，卻完全拿阿兵哥沒轍。他根本不認識他的聽眾，顯然既不知道他談話的確切目的，也不明白如何實現。

無論演說者是否清楚意識到，每一場演說都有四大主要目標：

一、闡明某件事情。

二、在聽眾心中留下深刻印象並說服對方。

三、呼籲採取行動。

四、寓教於樂。

將其中之一設定為目標即可，就這麼簡單。讓我列舉一個具體例子加以說明。

林肯一向對機械學或多或少感興趣，因此曾經發明觸礁船隻的拖離暗礁裝置，還因此取得專利。他在律師事務所附近的一家機械工作室埋頭苦幹，精心打造自己的設備模型。儘管這項裝置最終化為泡影，但他滿心確信終有一天派上用場的可能性，因此，每當朋友來到辦公室參觀模型時，他就會不厭其煩地一再解釋，想讓對方明白其中原理。

林肯在關於發明的講座上顯然不算成功。事實上，若說他曾試圖當一名人氣講師，其實相當令人失望，因為沒有任何鎮民願意捧場。

反觀當他在蓋茲堡發表歷久彌新的演說時、當他發表第一次和第二次總統就職演說時、當他為肯塔基州國會議員亨利・克雷（Henry Clay）發表辭世悼詞時，林肯的主要目的是令人印象深刻、令人信服。當然，他必須先做到表達清晰，才能夠具有說服力；但是在這些情況下，清晰度並非他的主要考量。

再看他的政治表現，他在與陪審團的會談中試圖贏得有利的決定，在政治談話中則試圖贏得選票。當時，他的目的就是要「呼籲採取行動」。

林肯之所以在演說場合中大為成功，是因為在那些情況下，他十分清楚自己的目標，而且明瞭如何實現；他知道自己的方向，也明白如何到達目的地。然而，許多演說者都對此毫無概念，所以經常把自己搞得驚慌失措、灰頭土臉。

例如，我曾親眼目睹一位美國國會議員在群眾的叫囂與噓聲中被迫下台，毫無疑問是因為他沒有明智地將說清楚、講明白當作發言目標。

請引以為戒。**了解你的目標，在開始準備演說之前就要明智地選擇，而且要知道如何達成。然後你就得著手設計，發揮技巧與科學手法以達到目的。**

上述一切都需要知識和特殊的技術指導。這個階段的演說架構非常關鍵，這套課程將花四個章節專注闡述這部分，本章將一一說明如何讓你的演說清晰明確，第十三章詳談如何使談話令人印象深刻、令人信服；第十四章會傳授說話趣味之道；第十五章則是揭露呼籲他人採取行動的科學方法。

善用比喻，就能讓聽眾留下清晰印象

談到表達清晰，千萬不要低估其重要性和困難度。無論是在公共場合或私人聚會，許多說話者都無法使他人心領神會。

洛茲爵士已在大學授課並發表公眾演說長達四十年，當我與他討論公開演說的要點時，他強調最重要的兩點是：第一，知識與準備工作；第二，**煞費苦心力求清晰**。

十九世紀初，普法戰爭（Franco-Prussian War）爆發時，偉大的德國陸軍元帥馮毛奇（Helmuth Karl Bernhard von Moltke）對著麾下軍官說：「諸位請記住，任何可能被誤解的命令終將被誤解。」

拿破崙也深諳同樣的危險。他對所有大臣強烈下達、一再重複的指示就是：「力求直白！力求簡明！」

當基督的門徒問他為什麼要用比喻教導大眾，他回答：「他們看也看不見，聽也聽不見，也就不明白。」

當你談論對聽眾來說十分陌生的主題時，怎能希望他們理解你的程度，勝過理解大師開講？這幾乎是不可能的事。那我們該如何矯正呢？當基督遭遇類似情況時，會採用所能想見最簡單、最自然的方式解決：**描述人們毫無概念的事物時，要拿他們知道的事物類比**。像是天國，究竟是一個什麼樣的世界？那些沒有受過教育的巴勒斯坦農民怎麼會知道？所以，基督採用他們十分熟悉的對象和行為來描述：

「天國好比酵母，一個婦人拿去拌在三斗麵裡，直到整團麵都發了酵。」

「還有，天國又好比一個商人尋找貴重的珍珠……」

「還有，天國又好像網撒在海裡，聚攏各樣水族……」

這種說法清楚明瞭，令周遭群眾一聽就懂——家庭主婦每個星期都會碰酵母，漁民每天都把漁網扔進大海，商人則是盤算珍珠的生意。

以下是另一個使用這項原則的例子，既吸睛又有趣。

幾名傳教士將《聖經》翻譯成赤道非洲附近一支部落的方言。他們進行到下述這一節經文：「你們的罪孽雖像硃紅，必變成雪白。」他們該怎麼翻譯比較好？照字面翻？恐怕一點意義也沒有，而且顯得荒謬。這個部落的居民恐怕是不知道雪為何物，甚至不曾發明雪這個字，根本無法辨別雪和煤焦油之間有何區別。不過，他們可是經常在爬椰子樹，把幾顆成熟的椰子搖下地面，挖出椰肉當午餐。於是傳教士就以他們熟知的事物替換未知的事物，並將這一節經文改譯成：「你們的罪孽雖像硃紅，必變成椰肉一樣潔白。」

在這種情況下，這是很精妙的改進之道。

與其講述抽象數據，不如用熟悉事物當度量

請想一想，以下哪則說明比較清楚，是（一）還是（二）？

（一）聖彼得教堂是全世界最大的教堂，長二百三十二碼、寬三百六十四英尺。

（二）聖彼得教堂的規模大概是兩座華盛頓特區的國會大廈建築物堆疊在一起。

每當洛茲爵士向一般聽眾解釋原子的大小和性質時，都很樂於採用第二種方法。我聽過他對一名歐洲聽眾解說，一滴水裡面含有的原子就和地中海的水滴一樣多。這種比喻當然是因為他有許多聽眾曾花一個多星期從直布羅陀航行到蘇伊士運河。但他為了讓所有聽眾都能更清楚理解，會改說一滴水裡面含有的原子就和整個地球所擁有的草葉一樣多。

美國記者兼作家戴維斯（Richard Harding Davis）告訴一名紐約聽眾，位於土耳其的聖索非亞大教堂（Mosque of St. Sophia）大概「就和第五大道劇院的禮堂一樣大」；他還說，當你從義大利西岸的港口布林地西（Brindisi）後方進城，它「看起來像長島市」。

請記得，往後你在演說時務必套用這項原則。如果你正在描述偉大的金字塔，一開始就要告訴聽眾，金字塔的高度和他們每天看到的哪一座建築物差多少，然後再告訴他們金字塔的地基約莫涵蓋幾座街區。不要只是單純敘述幾千加侖、幾十萬桶，卻沒有附帶說明這麼大量的液體可以盈滿幾間當下置身的廳堂。你與其說明二十英尺高，何不改說比當下置身的廳堂再高一半左右？你與其談論距離約為多少枝量測桿或幾英里，若改說從甲車站到聯合總站，或是A街到B街，是不是反而更清楚？

切勿滿口術語，要把聽眾當小孩般親切說明

如果你是專業菁英，好比律師、醫師、工程師，或是置身高度專業化的產業，當你對外人談起自己的背景時，切記加倍小心，尤其言語要直白、細節要到位。

我之所以會說加倍小心，是因為這正是我的專業所在。我聽取過數百場演說就是在這一點馬失前蹄。這些演說者似乎完全不曾意識到，一般大眾對他們具備的特殊專長根本毫無概念，於是他們會整場天馬行空地暢聊、不停拋出想法，還抬出許多以為可以令人立即理解、橋接演說內容的詞彙，但不熟悉該領域的聽眾卻像是鴨子聽雷。

這種專業領域的演說者，應該先拜讀、記取印第安納州參議員貝立芝評論文筆流暢之道：

「有一招很有效，**專挑在座聽眾裡面看起來最遲鈍的代表，傾盡全力激發他對你的主張感興趣，因為你非得要清晰論述、明確推論，才能達成前述目標。但還有一招更是管用，集中火力聚焦隨同父母親來捧場的小孩。**

「對自己說，你會嘗試著講地球話，就連孩童都聽得懂，也記得住你對討論議題的解釋內容，甚至會後他還能重述一遍。」

我曾聽過一名醫師的演說：「對腸胃道蠕動來說，橫膈呼吸法算是一道獨特的助力，堪稱健康的福音。」他原本說完這句話就想要草草帶過，趕快接著跳到下一個重點，但我刻意詢問：「所謂橫膈呼吸法和其他做法有何不同？為何這種做法特別有益身體健康和腸胃道蠕動？」這名醫師以下述方式解釋並擴大說明：

橫膈膜是一片薄型肌肉，作用是當成胸腔和肺部的底層、腹腔的頂層。當橫膈膜放鬆、不受較輕淺的呼吸影響，就會形成一道拱形，形狀就像是倒置的臉盆。

你採用橫膈呼吸法時，每一回呼吸都會向下壓迫這塊弓形肌肉，直到它變得幾乎扁平為止，這時你會感覺到胃部肌肉正頂住繫著腰帶的腹部。這股向下壓迫橫膈膜的力道會按摩並刺激胃、肝、胰、脾與腹腔神經叢等腹腔上部的器官。

當你再次呼氣時，你的腸、胃會被往上推到頂住橫膈膜，等於是又做了一次按摩。這種按摩方式有助於減輕壓力。

許多人健康不佳都是源於腸胃道運行不暢。如果我們能夠經常採用橫膈呼吸法深度呼吸，促進腸胃道適當運動，多數消化不良、便祕和體內毒素等問題都會自行消失。

三個引導技巧，幫你把話說清楚、講明白

技巧一：善用視覺引導，讓人一看就懂

正如我們在第四章所說，連結眼睛與大腦的神經數量比連結耳朵與大腦的多出幾十倍，科學研究顯示，我們眼睛所投注的吸引力是耳朵的二十五倍。

有句古諺這麼說：「一圖勝萬語。」所以，如果你希望清楚表達，請描繪出重點、讓想法具象化。這是名氣響亮的國家收銀機公司（National Cash Register Company）首任總裁派特森（John H. Patterson）擬定

的計畫。他曾為《系統雜誌》（*System Magazine*）撰寫文章，其中概述他對員工及業務單位談話的方法：

> 我主張，**不能單靠演說就希望別人聽懂你的重點，或是藉此爭取、抓住他們的注意力，有必要加入充滿戲劇張力的補充。**有一個比較合適的補充做法，無論何時，只要有舉證圖片說明對錯的可能性，就用圖片說明。圖表解釋遠比文字更有說服力，理想的主題呈現方式，就是每一個次要主題都舉用圖片說明，文字僅扮演穿插連結的作用。很早之前我就發現，與他人打交道時，一圖勝萬言。
>
> 具有怪奇趣味的小圖用處多多，這些小圖畫都很家常，但最有成效的卡通畫家卻不必然是畫出最漂亮圖案的人，重點是表達想法與對比。
>
> 一大袋的錢和一小包的錢並排在一起，是一種自然的排法，大的有比較多錢，小的則比較少。你若能在談話中迅速勾勒出這些影像，就不用冒著聽眾聽到神遊太空的風險；他們一定會想要看看你在幹什麼，然後才跟著你慢慢走完接下來幾個連續階段，抵達你希望的目的地。再次強調，這些有趣的小數字可以引發聽眾的幽默感。

洛克斐勒也套用此法解釋他如何訴諸具象感，以便闡明科羅拉多燃油暨鋼鐵公司的財務狀況：

> 我在內部一場會議上實際說明公司的財務狀況。先在桌面上擺放一堆硬幣，排除幾枚代表他們薪資的硬幣，因為公司的第一筆支出就是薪資單。然後我又拿掉幾枚代表高階主管薪資的硬幣，接下來是董監事費用，然後就再也沒有剩餘的硬幣可以分給股東了。於是我開口問：「各位，我們全都是這家公司的一分子，當其中三組夥伴吃掉所有的收益，姑且不論多少，最後這一組卻落得兩手

空空，你們覺得這種情況公平嗎？」

在舉例說明後，其中一人發表了一段要求提高工資的演說。然後我問他：「當有其中一名夥伴什麼都拿不到的情況下，你卻獨索更高的薪資，這樣公平嗎？」對方坦承不算正當做法。之後我就再也沒有聽過要求更高薪資的言論了。

當然，**並非每一個主題或場合都適合展示物品和圖畫，但是，我們可以盡可能使用。它們吸引注意力、激發興趣，而且能使我們要表達的意義加倍明確。**

技巧二：敘述時加入細節，避免籠統模糊

請讓你的描述盡可能明確、具體化，就像你正在腦中畫圖，那幅畫面必須要像雄鹿的雙角映襯著夕陽當作背景一樣，顯得鋒利、清晰。舉例來說：「狗」這個字讓你能夠或多或少描繪出一種動物，或許是可卡犬、蘇格蘭㹴犬、聖伯納犬或是博美狗。但是當我說出「鬥牛犬」時，浮現在你腦中的影像清晰程度是不是提升不少？這是因為「鬥牛犬」指涉範圍很小。若改說「花斑鬥牛犬」，不是會出現更明確的畫面嗎？「一匹全身烏黑的雪特蘭（Shetland）馬」難道不比「一匹馬」更活靈活現嗎？「一隻斷腿的白色矮腳公雞」不是會比籠統的「家禽」更精準、更犀利嗎？

技巧三：重點要說三遍，但請換句話說

拿破崙宣稱，一再重複是唯一嚴肅的修辭原則。他會這樣說是因為，珍貴的想法並不是每次都能讓別人秒懂，他知道理解全新想法必須聚精會神、費時消化。簡言之，他明白**必須不厭其煩一再重複，但不必然得使用相同的語言。人們自然會對重複的事情反彈，但如果你變化新鮮措辭表達同樣內容，那麼你的聽眾就永遠不會聽膩**。

讓我們試舉一例。布萊安先生曾說：「除非你自己通盤理解一道主題，否則你無法讓人們也理解。你愈清楚自己心中掌握的主題，就能夠愈清楚地將它們傳遞到聽眾心中。」

後面這句話僅僅是重述前一句話所涵蓋的想法，但是當這句話說出口時，聽眾尚且無暇分心去想似乎重複了，反而會覺得這道主題變得更珍貴。

倘若演說者懂得善用重複敘述的原則，就有助聽眾更清楚理解、更印象深刻。初學者幾乎完全忽略這一點，實在很可惜！

活用一般事例和具體案例，訊息傳達更到位

明確講述要點最可靠而簡易的做法之一，就是馬上列舉一般事例和具體案例。前者強調普遍性，後者則聚焦於特定個案。

且讓我們列舉例子說明兩者各自的區別和用途。假設我們聽到這句話：「專業男女菁英收入超驚

人。」

這句話是否足夠明確？你對演說者的語意真的能產生具體概念嗎？其實沒辦法。演說者自己都無法確定這項主張會在聽眾心中引起什麼效應。一名鄉村醫師可能會覺得，一個小鎮上的家庭醫師如果年收入五千美元就算是很優渥了；根據行規推算，一名成功的礦業工程師年收入十萬美元應該就是金童。這句話可以各自表述，因此可說是完全模糊不清。有必要縮小範圍，像是多給一些有啟發性的細節，才能進一步表明演說者所指涉的職業以及所謂的「超驚人」。

例如可以說：「比美國總統賺更多錢的律師、獲獎贏家、詞曲家、小說家、劇作家、畫家、演員和歌手比比皆是。」

現在，指涉有比較清楚嗎？不過，演說者還沒有試著讓這句話具象化。他已經善加運用一般性事例，但具體範例還沒派上用場。意思是，他雖指出「歌手」，但沒有指明是哪位歌手。

所以，這句話或多或少仍顯得含糊不清，我們無法想出任何具體範例足以說明。說話者不是應該要幫我們釐清這一點嗎？要是他想要套用具體案例，應該要講得更清楚，就像以下這段文字：

偉大的審判律師山謬．安特邁爾（Samuel Untermeyer）和麥克斯．史都爾（Max Steuer）一年進帳高達一百萬美元；眾所周知，職業拳擊手傑克．鄧普賽（Jack Dempsey）的年收入高達五十萬美元；沒念過書的黑人職業拳擊手喬．路易斯（Joe Louis）才二十多歲，年收入已經超過五十萬美元。根據報導，作曲家艾文．柏林（Irving Berlin）的爵士音樂每年也為他帶進五十萬美元收入；劇作家席尼．金斯利（Sidney Kingsley）光是坐收版稅每週就笑納一萬美元；英國科幻文學家H．G．威爾斯（H. G. Wells）在自傳中坦承，一枝筆為他寫出三百萬美元收入；畫家迪亞哥．里維拉（Diego Rivera）的作品一年銷量超過五十萬美元；百老匯女演員凱薩琳·康奈爾（Katharine Cornell）為了拍片一再拒絕每週五千美元的拍照邀約；據報導，歌劇演唱家勞倫斯·提貝特（Lawrence Tibbett）、女歌手葛麗絲·摩兒（Grace Moore）年收入都達二十五萬美元。

現在，你是不是已經得到一個簡單明瞭的概念，可以理解說話者想要傳達的內容？務求具體、務求明確、務求詳盡。這種明確的品質不僅有助於清晰度，更有助於製造深刻的印象、信念和興趣。

根據時間精簡重點，切勿貪心而流於匆忙籠統

有一次，威廉·詹姆斯教授對教師談話時話鋒一轉，提到演說者在一場演說可以只談一項重點，但是一講就是一個小時。不過，最近我聽說有講者被限制只能演說三分鐘，卻要涵蓋十一項重點，換算下來，一項重點只能講十六秒半！聽起來很不可思議，對吧。怎麼會有頭腦靈光的聰明人做這種大蠢事。誠然，我引用了極端的例子，但是非得舉出極端例子才能彰顯，以這種方式犯下錯誤幾乎會讓每一名初學者都吃大虧。我就像是庫克導覽服務（Cook's Guide Service）公司的導遊，一天內就想帶著遊客逛遍巴黎。只要大家的腳程可以快到三十分鐘內穿過美國自然史博物館（American Museum of Natural History），那就辦得到。只不過這種走馬看花的玩法看得既不真切，也無法充分享受。**許多演說最終搞砸，就是因為說話者似乎打算在規定時限內締造講完所有重點的世界紀錄，因此就像岩羊一樣迅**

速、敏捷地不斷從一個點跳到下一個點。

這套課程受限於時間壓力必須簡短，所以請據此裁減你的演說內容。舉例來說，如果你要談論工會，請不要在三至六分鐘時限內告訴我們歷史沿革、運作之道、實現過什麼成就、犯下什麼過錯，以及如何解決產業爭議等。請千萬不要這麼做，否則在座聽眾沒有人可以清楚理解你的重點，反而因為流於模糊、粗略而且是泛泛空談，結果全都聽得一頭霧水。

較聰明的做法，是只選取一個階段來探討工會，並充分具體闡述。這種演說方式將會烙下單純且清晰的印象，而且容易讓聽眾聽進去，也容易記住。

但是，**如果你的主題必須涵蓋好幾個階段，通常我會建議的做法是：收尾時簡要地總結**。以下即是本章的課程摘要，重溫一遍，將有助讓我們所呈現的訊息更清晰、易於理解。

卡內基說話學 12

將想法轉化成聽眾能理解的語言！

- 務求清楚、明確，這一點至關重要卻又高度困難。
- 基督採用眾所周知的詞彙替代陌生的事物，例如將天國比喻成酵母、漁網撒入海，以及商人尋找貴重的珍珠。如果你希望幫助聽眾對阿拉斯加州有清晰的概念，不要單單引述面積有多大，請與其他州比較；提到人口時，也請舉出當地的人口比較。
- 對著一般聽眾演說時，請避免使用技術用語。請遵循參議員貝立芝的建議，將你的想法轉變成任何小孩都能理解的語言。
- 請確保你想談論的事情一開始在腦中就像正午陽光一樣明亮、清晰。
- 請訴諸具象感。盡可能善用展示物、圖片與插圖。務求用字明確，如果你指涉「一隻右眼有黑斑的狐狸㹴犬」，請不要只是說「一隻狗」。
- 反覆論述你的重點，但不要一再重複同樣字詞，也就是說，相同的話不要說兩次。試著變化句子，但聚焦重申同一個想法，而且不能讓聽者發現你的小心機。
- 談論抽象論述時，務必隨後列舉一般事例，但更好的做法是使用具體範例與明確個案。
- 請勿嘗試涵蓋太多重點。在一場簡短的演說中，演說者針對一個宏大議題最多只能妥善處理一至二個重點。
- 請在收尾時簡短扼要地總結整場演說內容。

完美發聲secret

練習頭、胸、鼻三腔共鳴

修斯（R. J. Hughes）教授特別針對這套課程編寫以下關於共鳴及發聲練習的內容：

你還記得嗎，小時候當你把頭伸進半空的盛雨桶發出聲音，耳朵裡會嗡嗡叫？這種效果是源於共鳴，又稱共振。你製造的聲音，在通過部分被封閉在盛雨桶上半部的空氣時會被放大好幾倍。包括鼓與音箱、喇叭的音管與出聲口、鋼琴與音響板，還有小提琴與調過音的木製琴身在內的所有樂器，都是基於這樣一道原則製成，即初始樂聲相對較弱，都可以藉由連接合適的彈性介質，好比空氣、木材和金屬等放大音量。人類的發聲原理亦然。聲帶所發出的微弱嗡嗡聲就像是初始樂聲，引起胸腔、咽腔、口腔和鼻腔的振動，在這些部位，我們的聲音會被美妙地重新強化，因而得到極為強大的力度與廣度。如果我們只聽到聲帶最初的嗡嗡聲，這道聲音就只能傳遞十幾公尺遠，而且也不具備與人類語音相關的特徵。**胸腔的共鳴多半都是自主發生，頭腔的共鳴則是經由意志控制**，而且必須熟練使用才能產生美妙且強大的效果。

我認識一位演說家，以前發言時總是平淡單調、空洞無感，但他下足苦功學習、練習不輟，充分發揮頭腔共鳴的功能，幾年後的現在，各界大力推崇他的聲調具有銀鈴般的質感，而且駕馭大禮堂也輕鬆自如。請正確善用體內可以共鳴的部位，特別是口腔與鼻腔，這是你邁向公眾演說家之路的重要技巧。

頭腔共鳴

當振動的空氣離開喉部或喉頭時，我們的聲音就會通過開放的喉嚨向上升起，直到觸及軟顎，這個部位在嘴部後方，肉眼就可以看到。在軟顎下，有一部分呼吸氣流入口腔，另一部分則通過後方通道進入鼻腔。

在這兩個腔室裡，鼻腔空間較大，而且具有類似岩石洞穴內部不規則、富變化的表面。你是否曾在山洞裡大聲說話或聊天？這類反射聲音會為耳朵帶來驚喜。你若採用類似方式，以奇形怪狀的鼻腔與頭腔練習，就會發現你的聲音增添些許華麗、富層次的質地，這種改變稱為「頭部共鳴」。與此同時，另一道聲流進入呈拱門狀的上顎後則經歷完全不同的變化。我們的嘴部擁有具彈性的舌頭、可活動的嘴脣，因此，第二道氣流除了流量較強外，也會像從後方進入鼻腔的氣流一樣被口腔內部的形狀改變。這些會經由口腔改變的微弱初始音被稱為「元音」（vowel，又稱母音），由此我們得知，**元音只是口腔共鳴音，完全不是由聲帶製造的聲音。**在喉頭時所有元音都一模一樣，到了口腔這副主要由舌頭定型的臨時鑄模時，才會決定元音的最後發展。因此，口腔是元音腔，在這裡也會產生稱為「輔音」（consonant，又稱子音）的干擾。

胸腔共鳴

正如在第五章學到的，當你想要穩定維持聲調時，胸腔會自動發出鳴響，將手掌放在胸部上半便能感受到。當聲調較低時，力量會比較強，成年男性在話音範圍內都能感受到這種共鳴。**發**

出每個單音時，請用力深呼吸以撐住聲調，這樣就能完全得到胸部共鳴的助力。

鼻腔共鳴

至於鼻腔共鳴，這道珍貴的助力只能藉由特殊的練習獲得。一開始我們必須先釐清鼻腔共鳴和鼻腔「嗡嗡聲」之間的區別。當聲音不能自由通過鼻子時，就會產生「嗡嗡聲」。現在，用大拇指與食指捏住鼻孔，然後試著說「月光閃閃發亮」。請留意，你現在正發出讓人聽了不舒服的鼻音。移開兩指，試著模仿自動阻止聲音穿透鼻子的發聲效果。接著，在容許聲音自由流過鼻腔的情況下重念一次，會發現剛剛那種做作的鼻音消失了。因為**你的嘴巴必須「先行」發出字音，但是聲調必須同時自由穿過鼻子。**以下列舉幾個練習步驟，以便幫助你發出完美的頭部共鳴，產生力量。

練習三個腔室共鳴

練習一：深吸氣。輕柔地發出嘶音以形成輔音，逐步呼出氣息。請繼續維持，然後猛然閉上嘴唇，同時保持穩定呼氣，現在氣流將通過鼻子發出有嗡嗡聲的輔音。

練習二：深吸氣，發出「M」音（音似「麼」）。然後在保持發聲的情況下，張開嘴唇並抬起舌尖頂住上顎，改發「N」音（音似「呢」）。同時請保持連續的共鳴音，讓它聽起來像是「哞呢、哞呢」。請持續重複發聲，並留意空氣的振動。

練習三：改變練習二的做法，在「M」音與「N」音中加入元音「一」，會聽到像是「迷你」

迷你」的發音。請留意**口腔前方部位元音的明顯共鳴，而且此時嗡嗡聲仍然在鼻腔不間斷發音。在元音的發聲過程中這種嗡嗡聲很重要。**在你一邊仔細聽的時候也用心感受它。

練習四：重複練習三，然後在不停止共鳴氣音流情況下，將元音「一」改成「啊」，發聲也跟著變成「迷你－啊」，你會聽到嘴腔前半部位，也就是緊貼著上排牙齒的位置，發出清楚的「啊」音，同時也仍聽得見頭腔所發出的嗡嗡聲。

練習五：在不中斷鼻腔的氣音流情況下，請緩慢反覆唸「命脈」幾次。

第13章

只要不激起反對，任何人都能被你說服

「有效振奮人心的祕訣在於深諳如何改變他人的想法。這就是成功律師、雜貨商、政治家或傳教士的成功之道。」

——牧師兼專欄作家Frank Crane

「就鼓舞人心而言，從來沒有任何成就能夠比發表演說更強而有力、效果出色而且令人欽佩。」

——牛津大學校長George Curzon

「永保無知愚昧的配方就是安於自己的見解、滿意已有的知識。」

——Elbert Hubbard

「公眾演說者必須具備力量和吸引力，一般人則是採用安全無害、毫不風趣的遣詞用字討論相關議題。」

——Cicero

「一個人持續傾盡全力站在聽眾面前發表演說，這是召喚他人最迅速有效的方式，別無他法。當他試圖站在大眾面前一邊演說、一邊思考時，整個人所具備的力量與技能都會受到嚴峻考驗。練習公開演說，努力採取符合邏輯、有說服力的方式證實自己的力量，並將這股力量傾注在關鍵焦點上，這便是偉大召喚者的全套本事。這股力量，不論是來自擄獲聽眾的注意力並激發情感，或是據理說服對方，都會激發講者想在各個方面更有成效的野心。個人的判斷力、教育、氣魄、性格以及所有雕塑自身的特質，都像是一連串不斷變化的風景，在努力表達自我的過程中開展。每一種心智能力都會被加速開發、每一道思想與表達的能力都會受到激發和刺激。」

——成功學之父Orison Swett Marden

不必說服對方，只要避免激起反對想法

美國西北大學（Northwestern University）校長史考特（Walter Dill Scott）有一個重要的心理學發現：

> 進入腦中的每一道想法、概念或結論，除非受到某些矛盾的想法阻礙，否則都會自動成為事實……如果我們想提供某人任何一個想法，不必說服對方，只要避免在他心中種下衝突的種子就好。如果我能讓你讀到這段文字：「光面輪胎品質出色」，你就會相信這項產品真的很優質，要是你沒有聽到其他反面的說法，就不會想要進一步驗證那句話。

以上史考特博士對於「建議」的研究，也可以用在演說或私下談話上。畢竟，我們大多數的行動都是聽取建議的結果。

「建議」指的是不須提供任何證據或明證，就讓大腦接受某一道想法。倘若我對你說：「皇家牌麵粉超級純淨。」但**我不證明這句話，這就是在提出建議；要是我拿出產品分析、知名大廚的見證說法，那就是在證明我的主張**。

那些擅長打交道的人士往往倚賴建議多於論證，像是推銷和廣告，主要便是奠基於建議。**相信很容易，懷疑則困難得多。我們在明智地懷疑、質問他人之前，擁有足夠的經驗、知識和思考是必要條件**。告訴孩童聖誕老人是從煙囪爬下來的，或是對化外鄉民說雷聲其實是眾神怒吼，兩者都會輕易接受你的說法，直到獲得足夠的知識驅使他們提出反對。他們接受這些論述，並非是論述禁得起考驗，而是因為這些說法早就深植人心，他們缺乏腦力、智識和經驗去質疑。

如果仔細想想，你我就會發現，**我們大多數的意見、最珍視的信仰、信奉的教條和許多人賴以為生的基本原則，都是建議而非推理的產物**。試舉商業的具體例證：知名品牌就算不是同類產品中最厲害的代表，好歹也是領導品牌，但是此一說法從哪裡來？我們有看過支持上述判斷的理由嗎？我們大多數人都說不出原因。我們是否拿這些品牌的產品仔細和競爭同業的產品比較過？當然也沒有！但我們就是相信這些拿不出證據的事情。偏見、成見和武斷論述，而非邏輯，已經形成我們的信念。

我舉一個常見實例，以便闡明我們大多數人每天都受到他人建議的影響：

讓我在這裡假設，你有意戒掉咖啡。你走進愛店吃晚餐，如果女服務生不熟練推銷技巧，可能會問你：「你想來杯咖啡嗎？」她要是這麼問的話，你的腦子就開始上演一場要不要喝的拉鋸戰，很有可能自我控制會占上風，因為你希望善待消化系統，而不是立刻滿足味覺。但是假使她只是消極地問一聲：「你可能不想點咖啡，對嗎？」你會發現開口婉拒很容易，因為她的話中帶有拒絕的暗示，已經幫你將想法化為行動了。

不過，假設她問：「你想要現在來一杯咖啡，還是晚一點上？」你覺得會怎麼樣？她巧妙地假定毫無疑問你就是會點一杯來喝，因此她把你的全部注意力集中在希望接受這項服務的時機，也就順勢從你的腦海中排除其他的考量因素，壓抑其他的矛盾想法，結果，就讓點一杯咖啡喝的念頭輕易地轉化成行動。就算你原本真的沒打算喝咖啡，你還是會說：「那就現在上好了。」

這就是我的親身遭遇，也是多數正在閱讀此書的讀者的共同經歷，它就和其他成百成千的事情一樣，天天在生活中上演。百貨公司訓練業務員探詢的技巧：「你想要現在就帶一份走嗎？想送貨到府嗎？」因為他們已經知道，使用這個問法，馬上就多賺一筆運費。

激起聽眾的情感，比激發思考更有效

每一道進入腦中的想法不僅會被認定為真，還會轉化成行動，這是一項眾所周知的心理事實。例如，你一想到「吞嚥」，相應的肌肉就會跟著動作。你可能無法察覺這些細微變化，但精密的機器卻可以監測到反應。你想到了某件事卻不想做，無非是因為另一道想法消除你的衝動，它告訴你：這件事代價高昂、瑣碎麻煩、荒謬無聊或危險至極。

因此，用於說話技巧上，巧妙地在聽眾腦海中植入想法，同時避免衝突、反對的念頭出現，擅長這一招的人就能在演說時生出力量、獲取商機。

心理學能在這方面提出有幫助的建議，讓我們看看有哪些。

首先，你是否留意到，當重要的想法洋溢著情感和富有感染力的熱忱時，同時出現反對想法的可能性比較低？我之所以說「富有感染力」，是因為這正是熱忱的特性。它會減弱批評，可消弭所有反對意見、負評與異議。當你的目標令人印象深刻時，請謹記，**激發情感比激發思想更有成效，因為熱忱遠比冰冷的想法更強大**。你若想喚醒聽眾情感，就必須極度真摯，不真誠就會使得所有表達全然失效。無論一個人能否提供鮮明實例、聲調是否悅耳，或甚至姿態是否優雅，要是他說話不真誠，就會顯得金玉其外、敗絮其內。所以，如果你想要在聽眾心中留下深刻印象，就先試著在自己心中留下深刻印象。你的箇中精神會閃現在你的眼神、聲音與舉手投足之間，也會為你和打分數的聽眾相互溝通。

用對方已相信的事情，來說服他接受你的主張

無神論者曾向英國神學家威廉．佩利（William Paley）宣稱上帝不存在，並試圖駁倒他的論點。佩利非常輕巧地拿出一只手錶，打開錶蓋並展示給這名無神論者看，他說：「如果我告訴你，那些指針、齒輪和彈簧都是自己開始組裝並自行運行，你不會懷疑我頭腦燒壞了嗎？但抬頭看看滿天星辰，它們都各有完美的指定路線和運行動作，好比地球與其他行星會繞著太陽轉，整個星系每天定軌運行超過一百萬英里。但每一顆恆星都像太陽一樣擁有自己的星系，也像我們的太陽系一樣在太空中疾行運轉。不過它們就是不會碰撞在一起、不會互相干擾，也不會製造混亂。一切安靜、高效、可控。這樣解釋是不是比較容易相信，這一切自然是因為造物者做了最好的安排？」

這番話相當令人印象深刻，不是嗎？這位演說者採用了什麼技巧？

正如我們在第十章中所建議的，他一開始就先找出共通點，讓對手同意說「是」，也在一開始就與他達成共識。接著，他繼續闡述，信任神靈就像信任手錶一樣簡單。

假設他一開始就全盤否定他的對手：「上帝不存在？別說傻話了。你根本不知道自己在說什麼。」不用懷疑，馬上就會爆發一場沒完沒了的口水戰，氣氛激烈火爆，雙方各執己見。這名無神論者會冒出一股充滿敵意的熱忱，為了捍衛觀點火力全開。正如羅賓遜教授所說，這些都是對方的意見，而反對對方的意見，就像威脅他寶貴、不可或損的自尊。

既然驕傲是人類本質中具有爆發性的特徵，那麼，讓一個人的驕傲為我們搧風點火，而非和我們敵對，難道不是智慧的一部分嗎？但究竟要怎麼做？正如佩利親身演示，**我們可以拿對手原本就已經**

相信的類似事物相提並論。這樣可以使對方更容易接受而非拒絕你的提議，也可以防止他腦中冒出矛盾和反對想法，導致我們的主張無效。

佩利對人類思維的運作方式展現出細緻的觀察，然而，多數人都欠缺這項精巧的能力，無法讓雙方把手言歡、共享信念。他們反而誤以為，為了攻破對方的心防就必須橫衝直撞，最好一記直拳就KO。結果，在敵對行動開始的那一刻，對方就升起吊橋、關上城門、架上門閂，盔甲武裝的弓箭手射出箭矢，一場言語攻訐、互揭瘡疤的戰爭就此揭幕。這類爭吵總是以兩敗俱傷結束，誰也沒辦法說服對方。

找到正確切入點，最困難的傳教也能成功

以上所提的聰明做法，古早以前聖徒保羅就在馬斯山（Mars Hill）對雅典人的著名演說中用過了。雅典人對保羅充滿好奇，對他說：「你這派新學說的內容是什麼？因為你把一些奇怪的事物灌輸到我們的耳朵裡，我們想要知道這些東西是什麼意思。」

換句話說，他們邀請保羅發表一場演說，事實上，這就是保羅來此的目的。不過，他並不全然認同雅典人「新學說」、「奇怪的事物」等遣詞用字，這些字眼就像毒藥，他必須根除這些念頭。它們好比宣揚矛盾和衝突觀點的肥沃土壤，而他並不希望將自己的信仰被當作奇怪、陌生的事物，反而想要將它們比擬成他們原已相信的某件事情。這種做法不會扼殺不同意見，但究竟要怎麼做才好？他思考片刻，然後想出一個精采的計畫，於是娓娓道來這一篇不朽的演說：

「眾位雅典人哪，我看你們凡事都很敬畏鬼神。」

有些譯文這樣翻：「你們很虔誠。」我認為更貼切、更準確。雅典人敬神、愛神，而且非常虔誠，他們自己也引以為傲。他稱讚他們，群眾喜出望外，開始對他和顏悅色。這種手法的規則之一就是列舉實例支持，於是他就這麼做：

「因為我邊走邊觀察你們所敬拜的對象，發現一座祭壇上刻著『獻給不認識的神』。」

你看到了，這句話這證明他們非常虔誠，恐懼到要為不知名的神祇設立祭壇，堪稱一種全方位的保險做法，以對抗所有無意識的蔑視和無意的疏忽。保羅提到這座特定的祭壇，表明他並沒有刻意奉承，也表明他的評論是觀察後產生的真實欣賞。

現在，這句完美正確的開場白要登場了：

「那麼，我把你們所不認識卻虔心敬拜的這位神祇，現在傳講給你們。」

於是，保羅所言再也不帶一絲「新學說」、「奇怪的事物」的意味了。雅典人已經在崇拜上帝，只是自己渾然不自知而已，因此保羅來到當地，只是為了解釋一些關於上帝的真理。你看，**拿雅典人原來不相信的事物，比擬他們已經熱忱擁戴的某件事情**，這就是保羅精湛的技巧。他提出救贖和復活的教義，引用希臘詩人的一些語錄，然後就搞定眾人，整場演說僅僅花費不到兩分鐘。

順帶一提，請留意，這就是兩分鐘談話的優點之一：你可能會像保羅那樣應聽眾要求再次發言。有一位費城的政治家曾對我說，在發表演說時有一項重要規則非記住不可：**輕薄短小**、**活潑生動**。就聖徒保羅的例子來說，兩者皆達標。

讓冰冷數據變得有感，才能說服聽眾

聖徒保羅在雅典所採用的這種技巧，是當今行銷和廣告的愛用招數。同理，將一筆大數目套用一段長時間攤分，並拿來與日常費用、看似微不足道的事物兩相對比，可以讓它看起來小很多。舉例來說，一位人壽保險公司總裁就是採用這種方式對業務部門喊話，讓保險成本其實很低的觀念在業務員心中烙下深刻印象：

不到三十歲的年輕人，若能每天自動自發地省下五美分，將這筆錢拿來買保險，萬一不幸早逝就可以留給家人一千美元身後金。三十四歲的青壯年如果省下每天花在抽菸的費用來買保險，不僅可以和家人一起生活得更久，萬一撒手人寰時還能留給家人三千美元。

另一方面，**只要反向操作，聚沙成塔的小數目也可以放很大**。一位電話公司高階主管如此描述紐約人遲接電話、因而使發話方浪費微不足道的幾秒鐘，讓他的聽眾印象深刻：

在成功撥接的每一百通電話裡，有七通顯示鈴響超過一分鐘才有人接聽。加起來，發話方每天就有二十八萬分鐘白白浪費掉了。如果這種情況持續半年，光是紐約市的遲接分鐘數加起來，就相當於一四九二年哥倫布發現新大陸至今的所有工作日。

僅僅數字、數量本身絕對無法令人印象深刻，必須列舉實例闡明。如果可能的話，我們應該將它

們套用在自身近期的經驗與感受裡。舉例來說，英國蘭貝斯（Lambeth）的市府參事向倫敦自治區議會提出勞動條件時，就採用這套技巧。

他在演說中途突然喊停，舉起手錶，硬生生在聽眾面前面無表情地靜靜對看一分十二秒。自治區議會成員個個坐立不安、滿臉狐疑地看看演說者，再回頭看看隔壁議會成員。是哪裡出問題了嗎？還是這位市府參事突然失心瘋了？沒多久他重拾演說，並宣稱：「就在剛剛各位靜坐七十二秒的漫長時間裡，平均一位工人鋪好一塊磚。」

這一招非常有效，以至於各家媒體瘋狂報導，隨著報紙飄洋過海流傳世界各地。

接下來，請自行體會以下兩道敘述，哪一則更強而有力地切中要點、令人有深刻印象？

◆**敘述數量：**

（一）梵蒂岡有一萬五千間房間。

（二）梵蒂岡有超多房間，一個人就算一天換一間，四十年都還不夠換住所有房間。

◆**敘述金額：**

（一）英國在戰爭期間大約花費七十億英鎊，換算下來大概是三百四十億美元。

（二）在為期四年半的戰爭期間，大英帝國每一分鐘大約就得花掉七英鎊。

五大說服法則，助你發揮最大影響力

法則一：重申

重複聲明是一張好牌，可用以防止矛盾與反對的想法挑戰我們的主張。愛爾蘭知名演說家歐康納（Daniel O'Connell）說：「若非三番兩次、甚至多達十次揭露政治真相，大眾不會相信並接受。」歐康納擁有面對群眾的豐富經驗，因此他的親身見證頗具參考價值。「一再重申有其必要，」他繼續說：「這樣才能在大眾心中強化政治真相。我們一再重複聽到同樣的說法，就會不知不覺將它們與真理連結起來。他們最終會發現，事實悄悄安頓在內心的某個角落，而且只要它們構成宗教信仰的一部分，從此再也不會受到懷疑。」

然而，**儘管我們一再讚揚重申的好處，這裡也要提出警告：當技巧不熟練的演說者打算有樣學樣，重申可能變成危險的手法。**除非演說者擁有豐富多元的詞彙庫，否則反覆聲明最終可能會淪為未經修飾、非常明顯的重複，那是致命的錯誤。如果聽眾逮到你的失誤，就會開始在座位上坐立不安，頻頻看時間。

法則二：舉例

當說話者採用一般事例和具體範例時，幾乎不會使聽眾感到無聊，因為實例好玩、吸睛，當演說的目的是在聽眾心中烙下深刻印象並說服他們時，這一招非常實用，有助壓抑反對念頭萌生。

舉例來說：

美國作家希爾斯（Newell Dwight Hillis）博士在一場演說中宣稱：「抗拒是奴從，順應才是自由。」他自覺，這種聲明方式除非能列舉實例佐證，否則既不明確也無法令人印象深刻。於是他接著說：「抗拒烈火、惡水或酸蝕的法則就是死路一條；順應色彩的法則賦予藝術家出色的技巧；順應口才的法則賦予演說者強大的力量；順應鐵礦的法則賦予發明家鍛造的工具。」

這些實例大有幫助，可以加深聽眾印象，我們可以進一步引用具體案例潤飾，好賦予這段發言更強大的生命和活力：

順應色彩的法則賦予達文西創造出〈最後的晚餐〉；順應口才的法則賦予畢傑在利物浦發表出色的演說；順應鐵礦的法則賦予麥寇米克（Cyrus Hall McCormick）發明收割機。

法則三：引導

人們喜歡說話者列舉名字和日期，日後他們如果想要深究，就會自己動手查證。而且這種做法顯得坦率、誠實，可以為說話者贏得聽眾信心，更能加深他們的印象。

舉例來說，假使我說：「許多富豪其實生活十分儉樸。」我沒有成功在聽眾心中留下深刻印象，因為這句聲明實在太模糊，最後只會輕輕掠過聽眾腦中，既不清楚、不有趣也無法讓人信服，而且新聞報導在他們心中留下的記憶是相反說法，可能還會因此引起懷疑。

假如我相信真的有很多富豪生活儉樸，當初我是如何歸納出這道結論？當然是觀察到具體案例的緣故，所以，我取信於聽眾的最佳方法就是攤出那些特定實例。如果我能讓你見我所見，你可能會總結出我所得到的相同結論，或許還會在我還沒開始要求你往這方面思考之前，就自己如此認定了。

讓聽眾自己探索具體實例與證據後得出的結論，比說話者歸納並雙手奉上的現成說法強大兩倍、三倍，甚至是五倍。以下試舉實例：

肉品包裝業大亨阿默（J. Ogden Armour）習慣晚間九點就寢，隔天清晨六點起床。

金融家貝克（George F. Baker）一度坐擁全國最多家企業，但這一生從未碰過一杯雞尾酒，而且還是在去世前幾年才開始抽菸。

國家收銀機公司首任總裁派特森不菸不酒。

范德利普（Frank Vanderlip）曾經擔任美國最大銀行總裁，每天只吃兩餐。

上述個案是否將富豪生活十分儉樸的說法具體化了？這些真相是否在你心中留下深刻印象？當你聽到這些例子，腦海中萌現矛盾想法的可能性是不是變得極低？

法則四：累積

請不要指望匆忙引用一、二個特定實例就能產生預期效果。

「不斷強化第一印象有其必要，」菲利浦（Arthur Edward Phillips）教授在《有效演說術》（*Effective Speaking*）中說：「一遍又一遍地邀請聽眾集中注意力傾聽這個想法；必須層層堆疊豐富的經驗，直到思想的重量深深嵌入聽眾的大腦組織中，而且順勢成為他的一部分，直到時間或其他事件都無法消除。達成這個目標的工作原則是：累積。」

其實，這道累積原理，先前已在第四章敘述「費城是全世界公認最適合工作的地點」的得獎演說，以及本章「富豪生活儉樸」的論述中派上用場。

法則五：圖解比較

許多年前，一名學員在演說中回溯前一年烈火焚燒的房屋數量。他進一步闡釋，如果這些被燒毀的建築物排排站，都可以從紐約排到芝加哥了；要是改成不幸葬身火窟的往生者，那這條可怕的連線可以再從芝加哥排回紐約。

當時他提供的數字我幾乎左耳進、右耳出，但此後一別十年，而且在我不曾努力記住的情況下，那條曼哈頓島直達伊利諾州庫克縣的燒毀建築物連線依然歷歷在目。

為何如此？因為聽覺印象很難留在腦海中，視覺印象卻不然。視覺印象會帶來震撼效果，埋在當事人心中，永難磨滅。

若想搬出權威撐腰，請注意三個關鍵

我生長在美國中西部，小時候經常拿棍條架在羊群必須行經的門檻上自娛。前幾頭羊跳過這道門檻後我就拿走棍條，其他羊隻卻認為棍條依舊架在門檻上方，一隻接一隻縱身跳過門檻，而牠們躍起的唯一原因是前面的羊都這麼做。羊群不是唯一具有這種傾向的動物，**我們幾乎所有人都傾向於「做別人正在做的事情，相信別人所相信的事情」，很容易毫無疑問就接受成功菁英的證詞。**

但是，當你引用權威時請牢記以下三點。

關鍵一：明確說出資料來源

以下哪一句陳述比較令人印象深刻、令人信服？

（一）統計數據顯示，西雅圖是全世界最健康的城市。

（二）根據官方的聯邦死亡率統計數字顯示，十五年來，西雅圖的年度死亡率為千分之九．七；芝加哥是千分之一四．六五；紐約是千分之一五．八三；紐奧良是千分之二一．〇二。

請慎防一開始就祭出「統計數字顯示……」什麼統計數字？哪裡來的統計數字？為何要統計這些數字？請保持謹慎，「數字不騙人，但騙子會造假。」

常用的簡易說法，也就是「許多權威人士宣稱……」模糊程度實在太可笑。權威人士是指誰？請指名道姓一、二位。如果連你都不知道他們是誰，又怎能確定他們說過什麼？

務必力求明確，因為這會幫你贏得聽眾信心，讓他們知道你清楚自己在說什麼。

關鍵二：因地制宜，引述當地權威

請因地制宜、視聽眾特性引述當地權威，好讓他們可以自己去探究、調查你提供的資訊。假如你是在底特律演說，聽眾的證詞往往會比華盛頓州第二大城史波坎（Spokane）、德州聖安東尼奧市等地的某些無名人士發言更令人印象深刻。

關鍵三：引述的名人分量要夠重，立場不失偏頗

在引述之前，請自問下列問題：此人是公認的領域權威嗎？何以如此？他是立場偏頗的證人嗎？有任何帶有私心的企圖嗎？

布魯克林商會（Brooklyn Chamber of Commerce）的一位學者針對「專業化」發表演說，他明智地抬出美國鋼鐵大王安德魯．卡內基的話當作開場白。何以如此？因為在座的商業人士都對這位傳奇人物懷抱持久不變的敬重；此外，這場演說探討的是商業上的成功，以鋼鐵大王具備的終身經歷和深入觀察，用以談論這道主題綽綽有餘。

卡內基說話學 13

避免激起反對想法是最聰明的說服之道！

「進入腦中的每一道想法、概念或結論，除非受到某些矛盾的想法阻礙，否則都會自動成為事實。」那麼，當我們說話的目的是令人信服且印象深刻時，會遇到兩個層次的問題：第一、提出我們自己的想法；第二、防止反對想法萌生，使其無效。以下是有助達成目標的八項建議：

- 在你試圖說服其他人之前先說服自己。請帶著充滿感染力的熱忱說出來。
- 讓聽眾知道，你希望他們接受的理念與他們已經相信的事物非常相似。（實例：佩利和無神論者、到雅典傳教的聖徒保羅。）
- 反覆申論你的想法。強調數字時，請類比聽眾熟悉的事物。
- 善用一般事例。
- 善用具體範例，引述特定個案。
- 善用累積原則。必須層層堆疊豐富的案例，直到思想的重量深深嵌入聽眾的大腦中。
- 善用圖解比較。聽覺印象很容易被抹除，視覺印象卻自然深植人心。
- 用公正權威支持你的陳述。引述他人語錄時務必力求明確嚴謹。因地制宜引述當地權威；引述的名人分量要夠重，立場不失偏頗。

鼻腔共鳴發聲練習

老羅斯福在第一次政治競選期間辛苦地巡迴各地發表演說，很快發現自己動不動就會失聲。他聘請聲樂教練隨他搭火車旅行，兩人在各站的通勤期間練習強調鼻腔發音的字詞，例如：ding-dong（叮咚）、sing-song（唱歌）、Hong-Kong（香港），以便發展出鼻腔共鳴。**鼻腔共鳴可以使聲音變得明亮、有力，當一個人站在遠處講話時，這種發聲方式特別重要。**

請依此法練習並大聲誦讀，而且不要只做一次，要天天做。

一、練習鼻腔共鳴。讓發聲穿過你的鼻腔，也通過你頭腔內所有不規則的穴室。正如我們在前一章所示，先深呼吸，然後試圖感受，**當你一邊誦讀、一邊呼吸時，頭腔內部那股自由開放的感覺和你吸氣時體驗到的感覺無異。**

二、誦讀短詩也是一種培養舌尖力量與敏捷度的練習。例如，開頭類似顫音R的字詞都是很好的練習。你若想溫故知新，請回顧第六章的發聲練習。

三、請將誦讀詩文當作一種培養明亮音色和快樂語調的方式。（請參見第七章發聲練習。）

四、請用假音大聲誦讀一段文章（同上，請參見第七章）。

第 14 章

引起興趣，話語才有致命吸引力

「在所有溝通過程中，無論是白紙黑字或是口頭敘述，都有一條所謂的『感興趣底線』。倘使我們能夠超越這條底線，便能全盤獲勝；但如果我們摸索不到對方感興趣的點，那乾脆就放棄好了。」

——Overstreet, *Influencing Human Behavior*

「口袋裡永遠都要準備話題。確定自己真的有料才開口，一定就會有人願意洗耳恭聽。在你開口前，務必知道自己想要說什麼。如果你的思緒一團亂，聽你說話的聽眾肯定更是一頭霧水，所以請務必爬梳思緒、理清頭緒。無論演說內容有多簡短，最好都有開場、延伸論述與結尾。在任何情況下，都請務必慎思明辨。無論內容是什麼，都請言簡意賅、直白清楚。在發表帶有爭議性的言論時，請做好面對反對意見的心理準備，當對方嘻嘻哈哈時，請嚴肅回應；但是當對方一板一眼時，請幽默以對。請務必事先思考你有可能會面對一群什麼樣的聽眾……若是你能辦得到，永遠都不要流於枯燥沉悶。」

——Lord Bryce

以舊帶新，不論是誰都會聽得津津有味

你正在閱讀的這一頁紙張看似再普通不過了，對嗎？畢竟你已經看過無數張這種紙頁了，所以現在你手中這張紙實在沒什麼好做文章的。但是，我要告訴你一則奇怪的事實，而且你幾乎百分之百會感興趣。走著瞧！

你現在看到的這張紙表象是固體，但事實上它更像是蜘蛛網而不是固體物質。物理學家可以告訴你，這張紙是原子組成的物質。一顆原子究竟有多小？我們在第十二章學到，一滴水裡面含有的原子數量就和地中海的水滴一樣多，也可以說一滴水裡面含有的原子就和整個地球所擁有的草葉一樣多。那麼，製成這張紙的原子是由什麼組成？那就是兩種更小的粒子：電子、質子。這些電子會繞著原子的中心質子旋轉，相對距離就像月亮之於地球。在這個超級小宇宙裡，這些電子都繞著自己的軌道運行，以大約每秒一萬英里的不可思議速度繞行。因此當你正開始閱讀這句話時，組成這張紙的電子已經在飛速移動了，移動距離相當於紐約直達東京。

僅僅兩分鐘前，你可能還覺得：聊這張紙幹麼呢？真是吃飽沒事做。但實際上，這可是世界的奧祕之一，它是一股千變萬化的能量旋風。

倘若你現在開始覺得有點意思了，那是因為你學到一樁新鮮怪奇的事實。這就是那些讓人深深著迷的說話者具備的祕密武器之一。這項事實很重要，**我們都應該可以從日常生活的交流中找到有利的發揮點。完全新鮮的事物不必然有趣，但完全過時的事物也一樣吸引不了我們，唯有老哏新知才吸睛。**

舉例來說，你對著伊利諾州的農民大談法國的布爾日大教堂（Cathedral at Bourges），或是達文西繪製的〈蒙娜麗莎〉，他們會兩眼放空，因為**這些主題對他們來說太新了，和他們原本感興趣的事物毫無關聯**。但是你可以對他們聊聊荷蘭的耕地都低於海平面以下，當地農夫會挖溝渠當作圍籬、搭建橋梁當作大門，伊利諾伊州的農民就會瞠目結舌地繼續聽你說：冬天時，荷蘭農夫會把乳牛牽進房舍裡與家人住在同一個屋簷下，所以有時候乳牛會站在蕾絲窗簾後方看向窗外的漫天大雪。這時，他們很熟悉的乳牛和圍籬有了新哏。「蕾絲窗簾！用來遮住乳牛！」他們會大呼小叫：「我真的要笑破肚皮了！」然後一轉頭馬上就對著朋友說起這則故事。

以下是這套課程學員的演說。請一邊讀一邊感覺它是否引起你的興趣。若引起興趣，請想想為什麼。

> 多數液體的衡量單位都是品脫、夸脫、加侖或桶，我們通常會說幾夸脫酒、幾加侖牛奶和幾桶糖漿。我們發明自噴油井以後就開始說每天產出幾桶。然而，有一種液體因為大量製造、消耗，以至於得用到噸這個衡量單位。這種液體就是硫酸。
>
> 硫酸存在你日常生活中的方方面面。如果沒有硫酸的話，汽車根本發不動，我們就得回到古早的馬車年代。因為硫酸廣泛用於精煉煤油和汽油，如果沒有它，照亮辦公室、餐桌和家中走道的電燈就毫無用處了。
>
> 當你清早起床準備沖澡時，會先開鍍鎳的水龍頭，它的製造過程也需要硫酸。此外，你的琺瑯浴缸用得到硫酸，抹身體用的香皂可能也經過酸性處理的油脂製成。你的毛巾非得用到硫酸不可，髮梳的刷毛不能沒有它，否則就做不出梳子。毫無疑問，刮鬍刀在鍛造的過程中，需要使用酸性溶

液清洗。

你淋浴完後穿上內外衣物。衣服的漂白水製造商和染料商都需要硫酸；鈕扣生產商用得到製作鈕扣所需的酸性物質；皮革製造商使用硫酸製作皮鞋，當我們需要擦亮鞋面時，它便再度派上用場。

接著你下樓吃早餐。如果沒有硫酸的話，只有純白色的杯盤還能生產，其他顏色別想看到；你的湯匙、刀叉如果都是銀製品，那也有硫酸成分存在。

麵包用的小麥可能必須施加磷肥才能生長，這種肥料的生產過程依賴酸性物質。

諸如此類的例子可以講上一整天，無論你何時去到何處，硫酸的作用都會影響你。就算你遁逃到天涯海角，一樣逃不過它的影響力。沒有硫酸，我們不可能開戰，也就遑論和平相處。因此，這種對於人類至關重要的酸性物質，我們根本不應該全然陌生，但事實確實如此。

人永遠都對自己最感興趣

我們對於在秘魯這個國家要怎麼立遺囑這碼子事一點都不感興趣，但可能會很想知道「如何為自己立遺囑」；除非出於好奇，否則我們不會想要深究印度人的宗教，但很可能會想知道哪一門宗教可以確保我們在天堂永遠幸福快樂。

當諾斯克里夫勛爵（Lord Northcliffe）被問及人們對什麼感興趣時，他回答：「他們自己」。諾斯克里夫應該對這個答案很有把握，因為他是英國最富有的報業老闆。

你想知道自己是個什麼樣的人嗎？啊哈，現在我們總算談到有趣的話題了。我們正在談論你呢。

這是一種讓你拿鏡子檢視真實自我的方法，可以認真地把自己看清楚。現在，請想想你的白日夢。我們說的白日夢是什麼意思？且讓羅賓遜教授來回答這個問題，以下論述取自《心智形成》：

> 在一天清醒的時間裡，我們看到的自己似乎總是在思考，多數人都知道，即使入睡後我們還是繼續在思考，而且比清醒的時候更加愚鈍。在不受實際問題打擾時做著白日夢，就是我們最喜愛的自主思維方式。我們允許想法任意四處漫遊，漫遊的過程取決於我們的希望和恐懼、發自內心的渴望、自我實現或挫折感、個人喜惡、愛恨情仇等。對我們來說，沒有什麼事情比自己更值得關心。所有毋須費力控制或引導的想法，無可避免都繞著心愛的自我打轉。在自己與他人身上觀察這種傾向，既有趣又可悲，因為我們會先禮貌、慷慨地學習忽視這項真理，可是一旦我們膽敢想起它，它就會像正午驕陽一樣火熱起來。
>
> 白日夢源於自身基本特質的主要指標。我們的經驗經常在自我修正後被隱藏、遺忘，最終是藉由白日夢反映出原本的天性……它有一種自我放大、自我辯護的恆久傾向，毫無疑問會影響我們所有的推斷與臆測，這些正是它的關注重點。

所以請記住，**你發表演說的對象，不甚關心商業議題，反而大半時間都在思考如何證明和榮耀自己**；請記住，他關心國內知名大廚憤而離職的程度，遠甚於義大利積欠美國的債務；一片好用的刮鬍刀片，比南美洲爆發革命更讓他感興趣；牙痛發作會比一場地震致死五十萬名外國人更要他的命；他更寧願聽你美言他兩句，也不想聽你討論史上前十大偉人。

另一方面，很多人都是糟糕的聊天對象，原因在於，**他們都只談論自己感興趣的事物，卻是其他**

人覺得無聊透頂的糟糕話題。請反向操作，引導對方談論他的興趣、事業、高爾夫球技巧、他的成功歷程等；或者，如果對象是父母，那就讓他們聊兒女經。務請這麼做，而且要洗耳恭聽，對方會大喜過望，認定你就是個很適合聊天的對象，即使實情是你根本插不上話。

前一陣子，費城的德懷特（Harold Dwight）先生在宴會上發表一場精采絕倫的演說，期間他輪流點名在座每一名人士，述說對方在這套課程開始時如何發表演說、如何持續改進；他回憶其中幾名學員的演說內容、探討主題，甚至模仿對方的肢體語言，誇大個別特點，結果逗得全場笑聲不斷，博得滿堂彩。這是超強大、超理想的素材，借題發揮絕對不可能失手，因為全天下其他任何話題，都不會讓這群聽眾如此感興趣。德懷特深諳應對人性之道。

《美國雜誌》贏得兩百萬名讀者的祕訣

幾年前，《美國雜誌》成長出人意表，發行量突然大躍進，成為出版界的大黑馬，祕訣在於編輯西鐸（John M. Siddall）與他的妙點子。當我第一次見到西鐸，他僅負責這家雜誌社的奇人妙事專欄，我曾為他寫過幾篇文章，有一天他找我坐下來聊聊，結果一談就是好幾個小時，他說：

人性本自私，多半對自己感興趣。不怎麼關心政府是否應該收管鐵路，但是一心想飛黃騰達、升官加薪、常保健康。如果我是這家雜誌社的編輯，就會告訴他們如何保養牙齒、正確沐浴的步驟、夏天身心涼爽之道、升官撇步、人際心法、購屋要訣、記憶養成術、文法零錯法等。我們都對人的故事感興趣，所以我會找一些房產富豪談談怎麼賺到第一桶金，也會找幾位名聲遠播的銀行家、各行各業總裁聊聊當年如何一路披荊斬棘，終至名利雙收的成功歷程。

不久之後，西鐸真的實現他的願景，成為該雜誌的編輯。這家雜誌原本發行量很小，相較來說更像是失敗雜誌，結果，市場回應可說是鋪天蓋地。發行量節節高升，從二十萬本一路上攀到三十萬、四十萬、五十萬……這些領域才是讀者想看的內容。很快地，每個月銷量突破一百萬本，然後是一百五十萬本，最後衝上兩百萬本。但買氣並未就此停住，往後好幾年仍繼續上升。西鐸一針見血地回應讀者自私的興趣。

而擁有百萬聽眾、全世界最受歡迎的演說「鑽石就在你身邊」，有何成功之祕？答案就是本文反覆論述的那道重點。稍早提到，西鐸和我曾共桌暢談，席間我們提到這場演說，我認為該演說的空前成功，一定影響了他的雜誌編輯方針。

這場演說告訴我們可以如何邁向成功，並在既有的現實環境中實現自我。

它絕非一場靜態的演說，康維爾博士讓它所到之處，都變得和每個人息息相關，這一點至關重要。融入在地化要素能讓演說內容耳目一新，突顯當地市鎮、在場聽眾的重要性。他如此自述過程：

我造訪每座鄉鎮或城市，都會試圖盡可能早到，四處看看，拜會一下郵政局長、理髮師、飯店管理員、學校校長和幾位教會牧師，然後走進當地工廠、商店逛逛，順便找人聊聊，感受一下這座鄉鎮或城市的風情、領會過往歷史，它們曾經把握或錯失什麼機會。每座鄉鎮一定都曾經犯過這種錯誤。然後我才走回演說地點，和在場人士聊聊那些能契合本土風情的主題。「鑽石就在你身邊」

這個概念數十年如一日，要旨是在我們這個國家裡，每個人都值得一次機會，只要以自身的能力和能量加上志同道合的朋友，就能超越環境，做出一番大事。

人的故事是最有吸引力的說話題材

如果你就事論事地探討觀點，聽眾可能聽得耳朵都要自動關閉了，但若是述說人的故事，幾乎沒有搞砸的可能性。

我經常走入校園為學童發表演說，很快就從經驗中學到，唯有述說與人有關的故事，他們才有興趣理我。假使我講得太抽象，他們很快就會變得焦躁難耐、坐立不安，對別人扮鬼臉或把東西扔到走道上。

當然，他們都是小聽眾，但戰爭期間軍方採用的智商測驗，揭露一項令人吃驚的事實：在美國，四十九％受試者的心理年齡大約僅十三歲，由此可知，演說中採用與人有關的故事幾乎不可能出錯，而且動輒擁有幾百萬名讀者的雜誌都在報導這類議題。

我曾要求一群在巴黎經商的美國生意人探討「如何成功」這道講題，其中，多數人都謳歌家常的美德，既像講道，也像講課，在座者都聽到不耐煩了。最近有一位地位崇高的美國企業家在廣播節目中談論相同主題，竟然也犯下同樣錯誤。

所以我緊急喊卡，對全體學員說了幾句話：「我們不想聽說教。沒人喜歡說教文。請謹記要有娛樂性，否則沒人會聽你說些有的沒的。**也請記住，世界上最有趣的事情，是美化過、修飾過的八卦，**

所以請把故事主角換成你認識的兩名人士，解釋其中一人成功、另一人失敗的原因。這樣我們才會樂意傾聽，而且還會記取教訓，因此獲益良多。順帶一提，這種表現手法也將比冗長、抽象的講道更容易做到。」

有一名話很少的學員老是覺得，引起自己或在場聽眾感興趣實在很困難，但是那一晚他卻採納講述人情味故事的建議，以兩名大學同學當例子說給大家聽：

> 魯蛇同學是超級保守派，總是在鎮上的不同店家添購衣物，還會繪圖製表說明哪幾家洗衣店的服務最周到、哪幾家的衣物最耐穿、最划算。他的心思總是繞著錢打轉。但是在他從工程學院畢業後，由於他自我感覺超級良好，因此不屑從最底層做起，不願腳踏實地、努力向上。結果是，同學會都已經開三次了，他還在一邊製作衣物圖表，一邊等著肥缺從天上掉到他眼前。好事不曾從天而降，從那時起總共過了二十五年，這名不滿生活、抱怨人生的傢伙一直在原地打轉。
>
> 而另一名成功同學，令人出人意料，是個出色的混音師，所到之處都受人喜愛。儘管他一開始也想做一番轟轟烈烈的大事業，卻願意從小螺絲釘做起，並時時尋找新機會。當時，有一場泛美博覽會計畫在水牛城登場，他知道主辦方需要頂尖工程人才，於是辭去費城的工作轉赴水牛城發展。他的親切友善天性讓他很快就和一位具有政治影響力的當地人士結為朋友，兩人建立合夥關係並立即投身承包業務。他們幫電話公司完成大量工作，最終這名小夥子笑納豐厚年薪並接管公司，現在他可是身價百萬美元的富豪，還是西聯匯款（Western Union）的大老闆之一。

這名學員原本連三分鐘都填不滿，這回卻口若懸河，當他終於交代完始末才驚訝地發現，竟然不知不覺就用掉半小時。整場演說活潑生動，因此每個人反而都覺得時間很短。這是這位話少學員實實在在的第一場勝利。

幾乎每一名學員都可以從這起事件學到寶貴經驗。如果演說內容能化為一則帶有豐富人情味的故事，吸引力將會倍增，並且只須提出幾項要點，列舉具體案例闡明。這種架構演說的方式極易吸引並留住聽眾的注意力。

如果可能的話，這些故事應該描繪奮戰歷程，也就是力爭到底才贏得勝利的曲折。我們每個人都對所謂奮戰、拚搏高度感興趣。有一句老話這麼說：戀愛中的人惹人愛。其實不然，困境中的小人物才惹人愛，因為我們想看的是，兩名為情所苦的痴心漢誰能贏得美人芳心。這個事實的證據隨處可見，幾乎任何一本小說、雜誌、故事或電影，都設定男主角掃除所有障礙並抱得美人歸。幾乎所有雜誌裡的小說都套用這項公式，讓讀者投射自己是劇中的英雄或女傑，讓他／她強烈渴望某一個看似可望不可及的目標，但英雄或女傑卻能卯足全力達陣。

商界或專業菁英跌至人生谷底卻能反敗為勝的經歷，永遠是激勵人心、精采吸睛的題材。曾有雜誌編輯告訴我，任何人生活中的真實內幕都值得一讀，倘若他深陷泥淖、掙扎求生的歷程能夠經由妙筆呈現在讀者眼前，必是好作品。畢竟，誰不曾重重跌跤過？如果可以採用正確的方式傳述他的故事，必將精采絕倫。這一點無庸置疑。

具體化敘述才是演說的精采所在

有一位作家曾經參加公開演說課程，他是哲學博士，年輕時在英國海軍一做三十年，表現差強人意，現在則是大學教授；他的同梯學員人生閱歷豐富，擁有一家小型車行。說來奇怪，在上課期間，這名車行老闆發表的演說遠比大學教授獲得更多掌聲。明明這位教授發音優美、風度翩翩、氣質出眾，而且邏輯分明、條理清楚。癥結在於他的談話缺乏一道關鍵要素：具體。他的演說內容往往模糊不清、泛泛空談。另一方面，車行老闆卻因為沒有強大腦容量歸納總結，所以總是一開口就直指要點，因此敘述明確、具體，這種有趣內容搭配他自己發想的新鮮詞彙，演說娛樂性十足。

我舉這個例子，並不是因為兩者各是典型的大學教授、車行老闆，而是為了闡明我們可以持續強化吸睛能力，意思是，**不論教育程度高下，重要的是養成說話具體、明確的良好習慣**。這個原則至關重要，我將會列舉幾則實例，請試圖將它們深植在你的腦海中，銘記在心。

撰寫個人傳記的老派手法是填塞大量的尋常敘述，當今的新式手法反而是提供大量具體事實，讓它們不證自明。

舉例來說，與其形容十六世紀神學教授馬丁・路德（Martin Luther）小時候是個「頑固、難搞」的男孩，不如說他曾經坦承，求學期間被老師打的頻率高達「一個上午十五次」。「頑固、難搞」這類用語聽眾很少聽進耳裡，但計算責罵次數是不是清楚得多？

又例如，個人傳記的老派寫法會是「他有一對貧窮卻正直的父母」；新式手法則是「他的父親買不起一雙保暖的鞋，所以每當下雪，只得把粗麻布袋綁在鞋上以便保持雙腳乾燥、溫暖；儘管這家人一貧如洗，卻從未加水稀釋牛奶，也從不曾將病馬當成良駒賣。」這種說法不就是證明這對父母「貧窮卻正直」嗎？不也比單單敘述他們「貧窮卻正直」更生動嗎？

若說這種方法適用於現代個人立傳，也適用於現代演說者。

再舉一個例子說明。假設你想說明，尼加拉瀑布每天浪費掉的潛在動力能源十分驚人，若你平鋪直敘，然後再補充浪費掉的能源可以換算成購買多少生活必需品、多少件衣服、吃幾頓，這樣聽起來還是不會比較有趣。換成以下說法更好，以下摘錄作家史勞生（Edwin E. Slosson）發表在《每日科學新聞公報》（*Daily Science News Bulletin*）的文章以供參考：

> 我們被告知，這個國家尚有數百萬人民生活貧困、營養不良，但是在尼加拉這裡，每天浪費掉的能源相當於每小時可生產二十五萬條麵包。我們或許可以再依此描繪出一幅景象：每個小時有六十萬顆新鮮雞蛋掉在懸崖上，足以煎出一塊相當於小池子大小的蛋捲。如果假設四千英尺寬的尼加拉河是一部巨大的織布機，印花棉布不斷從中傾瀉而出，這道力量同樣可以帶來打破貧窮的結果。倘若它的出水口對準卡內基圖書館，一、二個小時內就可以裝填完滿室的書。或者我們也可以這樣想像，每天都有一座超大型百貨公司從伊利湖（Lake Erie）漂流下來，從一百六十英尺高處重摔落地粉碎成殘磚廢瓦。另一方面，利用瀑布的水力，不需要多花成本維護。

說話者就像畫家，要為話語添上畫面色彩

在引起聽眾興趣的過程中，有一個重要技巧凌駕其他之上，那就是描繪具體形象的遣詞用語。然而，一般演說者似乎渾然不覺這項助力的存在，或許是根本不曾有意識地想過這件事。**容易抓住聽眾注意力的說話者，都很擅長製造歷歷可見的景象。相反地，那些一味運用模糊、普通、單調無色符號的說話者，只會讓人昏昏欲睡。**

圖片、景象、畫面，它們就像你呼吸的空氣一樣，不花分文，一旦你把視覺印象融入演說內容或對話裡，就會馬上變得更生動、更有影響力。

讓我們再次借用前述《每日科學新聞公報》的摘錄段落以便闡述。先看看可以製造畫面的用字，它們栩栩如生、躍然紙上：「二十五萬條麵包；六十萬顆新鮮雞蛋掉在懸崖上，足以煎出一塊相當於小池子大小的蛋捲；四千英尺寬，印花棉布不斷從中傾瀉而出；出水口對準卡內基圖書館，滿室的書；超大型百貨公司漂流下來，重摔落地粉碎成殘磚廢瓦。」

聽而不聞這種演說內容或文章，就像置身電影院卻對大銀幕上播放的電影劇情視而不見一樣，超級困難。

很久以前，英國社會學家赫伯特．史賓塞在著名小論文《風格哲學》（*The Philosophy of Style*）中就指出可以導引明確畫面的遣詞用字有其優越性：

除非有特殊情況，不然一般而言，我們應該避免使用這類句子：「由於一個國家的風俗、習俗和娛樂原本就殘酷、野蠻，他們的刑法規定理當嚴厲。」我們應該這樣描述才好：「由於人們樂於

觀賞打鬥、鬥牛和鬥劍，他們的懲刑方式就會有絞刑、火刑和肢刑。」

構建畫面的遣詞用語充盈《聖經》和莎士比亞的作品，就好比蜜蜂湧向蘋果酒廠一樣。舉例來說，一名普通的作家要表達某件事物多餘，可能會寫：「猶如試圖改進完美」。同樣情形下，莎士比亞會怎麼表述？一句不朽的具象短語就搞定：「給金子鍍上金箔，給百合塗上顏色，給紫羅蘭噴灑香水。」

你是否曾稍事停頓，觀察一下代代相傳的諺語幾乎都是具象說法？「不雨則已，一雨傾盆」、「師父引進門，修行在個人」。你還會發現，同樣的畫面要素幾乎在明喻修辭法中隨處可見，幾百個世紀以來一用再用：「像狐狸一樣狡猾」、「像門釘一樣牢固」、「像平底鍋一樣扁平」、「像岩石一樣堅硬」。

到目前為止，我們都在討論讓聽眾感興趣的素材，然而，即使如法炮製，還是可能聽起來乏味而沉悶。**捕捉並維持聽眾的興趣，是一門需要小心處理的課題，攸關感覺與氣場。它不像操作機器，沒有一體適用的精確規則可循。請記住，感興趣的情緒有傳染力，你的熱忱最重要。**

卡內基說話學 14

聽眾永遠對他們自己最感興趣！

- 我們對老哏新知興趣高昂。
- 我們最感興趣的對象是自己。
- 善於引導他人談論自己與個人興趣，並能洗耳恭聽的人，儘管很少開口，往往會被視為很好聊天的對象。
- 美化過的八卦、人情故事幾乎總是能贏得並留住人們的注意力。說話者應該僅僅簡單列舉幾項要點，然後使用富有人情味的故事詳盡闡明。
- 描述力求具體、明確。不要淪為只會抬出「貧窮卻正直」作為形容的說話者，也不要只說馬丁·路德從小就是個「頑固、難搞」的男孩。提出事實後要隨即舉例說明，如求學期間被老師責罰的頻率高達「一個上午十五次」。這種手法可以讓平淡事實變得清晰、令人印象深刻且有趣。
- 請在表達過程中適時使用可以創造畫面的短語、可以讓聽眾想像畫面的字彙。
- 請使用富有畫面的詞彙、對比鮮明的句子。
- 感興趣的情緒具有傳染力，但說話者必須投入熱忱，才能真正贏得聽眾真心。

傳音直達遠方的祕訣

如果想讓大廳堂或門外的人聽到你的聲音，其實沒必要高分貝大聲喊叫，唯有正確發聲才是正道。**就算只是耳語，只要使用正確發聲方式，一樣可以傳送到寬敞戲院的偏遠角落。**

以下試舉一些有助你傳音至遠處的建議。

一、請勿俯視地板，業餘者才這麼做。這種行為讓人反感，還會破壞說話者和聽眾間相互溝通的默契，也就是一種既有付出也有收穫的感覺；而且還會導引聲音傳向地板，繼而干擾它流往聽眾的動向。

二、「呼吸，」舒曼－海因克夫人說：「就是發聲的動力。如果未能明智控制，就無法有所成就。你不妨試試如何在沒有汽油的情況下開車。」沒錯。或者你也可以試試看如果不呼吸能不能好好說話。這就是言語攻勢仰仗的火藥粉。無論何時，你的肺部都應該隨時保有一口氣，當作發動言語攻勢的彈簧板、彈射器。你開口說話時應該倚賴呼吸提供類似浮標的支撐，如同風箏隨著空氣上下彈動。因此，**請深呼吸，感覺雙肺的下半部往肋骨下方擴張、往下施力，將原為拱型的橫膈膜壓成扁平狀。**當你開口說話，請不要一口氣講完，請參照第五章提供的指示控制呼吸。

三、喉嚨、嘴唇和下巴請放輕鬆。收縮的音調傳不遠，因為幾乎沒有共鳴產生的振動。

四、拿鎚子敲擊鐵片會產生震耳欲聾的噪音，但是聲音傳不遠；不過，管弦樂團所演奏的音樂卻可以傳到遠方。兩者差別在於：樂團演奏的樂器聲純淨和諧，而且伴隨共鳴，但是捶打鐵片只會發出沉悶、不悅耳而且沒有共鳴的鏗鏘聲。這就好比吹號角，音箱產生振動就能產生長距離聲波，傳送到很遠、很遠的地方，倘若沒有號角而使用相同的呼吸量，即使再用力，聲音也無法傳太遠。

現在我們可以理解，有些說話者的聲音聽在前排聽眾耳中非常響亮卻傳不遠，有些卻可以直達後排，這正是因為共鳴、放開和呼吸儲備，讓聲音傳遞到遠方。因此，請經常練習第四、第九和第十章提供的發聲指示，以傳音到遠方聽眾的位置。

當你聽音樂時，請隨著曲調哼唱，並打開手掌感受頭部上方與後方、鼻子、嘴唇、臉頰和胸部的振動。你若想發出最自然的共鳴，請運用吸氣時在頭部產生的同一種開放感覺說話。這是最重要的步驟。

五、明確地唸出元音。元音是話語的核心，正是由於元音振動才讓聲音遠傳。因此，絕不能忽視或小看它們。你必須運用自由、開放和準確的方式發出元音。**發聲時務必放鬆，讓下巴自然鬆開，並且讓雙唇保持彈性。**對元音發聲來說，正確運用雙唇很重要。

六、聲調應該時有變化，自然而然抑揚頓挫。表達的原則已在第七章討論過，**聲調抑揚頓挫將有助你說話時展現個人風格，更加獨樹一格。**

七、我們需要放大音量，好讓聲音傳到遠處，但請別把音量想成響度。在同樣條件下，一個人若是有口無心，而且自己根本就興趣缺缺，和另一個真心誠意、用心表達的人比起來，他的話語無論如何都無法傳入別人的耳裡。虛言空話不會傳到遠方，豐富感受才能遠傳。

聲音反映一個人的生命力，帶有力量的強健聲音絕非來自生病甚至疲憊的身體。所以，在你登場演說之前請好好休息。遵守合宜生活的法則。

「若想善用美麗的聲音，」梅爾芭夫人警告，「唯有持續保養健康身心。強健身心對任何形式的重大成功都至關重要。喉頭無可避免是反映歌手身體狀況的部位，所以呼吸大量新鮮空氣、食用簡單的營養食物、每晚熟睡八至九小時都是必要之舉。」

第15章

四步驟贏取信任，成功號召行動

「生命最大的目標不是知識，而是行動。」

——英國作家Aldous Leonard Huxley

「真正有成效的演說者絕不會將盲目的衝動視為他們的上帝，反而會仔細研究行動、信仰的法則控制並導引它。」

——Arthur Edward Phillips, *Effective Speaking*

「每一場商業談話，無論是推銷或拉票，都會設定明確的目標結果，好比賣出一項決定、一樣產品或是一個點子。因此，最終結果都取決於『你』的吸睛力有多強大。量身打造你發表的談話，便能在計畫之外的討論取信眾人，好比精心設計的廣告。」

——*How ToTalk Business to Win*

「有素養的現代聽眾對演說者有何要求？首先，演說者本身要真實無欺；其次，他深諳某個有價值的領域；再者，自身的感受和信念完全融入他所提出的主題；第四，他能直白地切入主題，而且用語簡單、自然、強而有力。」

——Lockwood & Thorpe, *Public Speaking Today*

「行動是偉大的顯著特徵。」 ——廣告業務倡導者E. St. Elmo Lewis

「我們比較容易被自己發現的理由說服，而不是被其他人提出的理由說服。」

——Pascal

「精熟強而有力的演說，是一個人自我表述最崇高的目的之一。」

—— Newell Dwight Hillis

成功號召聽眾行動的兩大關鍵

身為說話者，可能會想擁有影響他人、呼籲眾人採取行動的能力。這門藝術對我們人生的成功非常關鍵，多數人卻只想碰運氣，或是憑直覺、經驗法則摸著石頭過河。其實有更聰明的方式可以實現這個目標。

以下，我將深入探討一套成功號召聽眾行動的方法，這是我經常使用並協助他人成功運用的方法。

這套方法的第一步，就是吸引他人的注意力。除非你成功辦到，否則沒有人會洗耳恭聽。我們已在第九章和第十四章詳細討論實現之道。

第二步則是獲取聽眾信任。除非你成功辦到，否則他們對你說的話毫無信心。這一步正是許多說話者功虧一簣的關鍵環節，無法在自己營造的人際環境做出實質成效。

獲得聽眾信任的主要方式，便是展現真誠。金融業老前輩J．P．摩根就說：人格是贏取信用最重要的特質，也是贏得聽眾信任最重要的特質。我注意到，那些靈巧熟練、言語詼諧的說話者，就算是天生具備這些人格特質，不必然比言語樸拙卻真心誠意的說話者更能做出成效。

我認識一名天賦異稟的學員，每當他起身談話，總是能展現令人羨慕的思想和語言流暢性。然而，每當他演說完畢，在座聽眾只是說：「真是個聰明的年輕人。」原因在於他只停留在膚淺的表面，並未深掘他的真實想法。在同一團體裡有一名身材矮小的保險業務，有時候他會努力創造一句金句，雖然不求用詞優雅，但他的雙眼煥發出自內心的真誠光芒，也充分展現在開朗的聲調裡。他的聽眾總是洗耳恭聽，全然信任，更在自己都不明所以的情況下就對他產生好感。

號召步驟一：簡短又吸睛的出場介紹

很多說話者未能立即引起聽眾注意，那是因為沒有被適當介紹出場。

「介紹」的英文「introduction」源於兩個拉丁字彙：前半部的「intro」表示「內部」，後半部的原型字「ducere」則是「引導」。所以，介紹說話者出場應該充分引領聽眾進入主題的內部，足以讓我們想要聽取更多討論；它應該引導我們了解關於說話者的內在事實，亦即足以證明他適合討論這項特定主題的事實。換句話說，**介紹講者出場應該要「推銷」主題給聽眾，也應該要「推銷」講者給聽眾，更應該盡可能在短時間內完成。**

這就是介紹講者出場的功能，但實際上，主持人十之八九都畫錯重點。

例如，我曾經聆聽一位知名而且博學多聞的演說者介紹愛爾蘭詩人葉慈（W. B. Yeats）。葉慈曾獲頒諾貝爾文學獎，這可是身為文人的最高榮譽。即使別的不提，也應該要宣告葉慈獲獎與獎項的重要性。但是身為主席的他完全漠視上述事實，漫天瞎扯神話和希臘詩歌。毫無疑問，他完全沒有意識到自己自我意識過剩，使他在聽眾心中烙下滿腹經綸、位高權重的印象。

雖然這位主席確實是揚名國際的演說家，而且早已被介紹出場上千次，但這回介紹他人的表現卻是十足失格。要是一位能力極佳的菁英都會荒腔走板，我們對一般主持人還能有什麼期望呢？

以下是我的建議：身為講者的你，在會前可以帶著謙卑和溫順的態度請教主持人或主席，是否需要一些陳述以用在介紹講者出場。他會很感謝你提供建議。然後再告知他哪些事項特別值得一提，好比為何談論這個主題、聽眾應該知道的幾樁簡單事實，以及一些能夠吸引聽眾注意的事情。當然，主席只聽一次說明，有可能還是會忘了大半內容，所以，**妥善的計畫就是書面傳達，只要白紙黑字簡單**

列舉幾句話就好，讓主持人在介紹講者出場的時候當作備忘。

號召步驟二：贏得信任

蘇格蘭哲學家湯瑪士・卡萊爾（Thomas Carlyle）在著作《英雄與英雄崇拜》（*Heroes and Hero-Worship*）中說：「一個人若沒有發自內心的認真，便成就不了任何事，他首先要成為真誠之人。應該說，發自內心的真心誠意，才是所有成就英雄的首要特質。這不是指自我感覺真誠，事實上，這種真誠極為膚淺，因為它是空泛的自吹自擂、刻意的真誠，而且主要源於自負。偉大成就者的真誠，經常是自己無以言喻的特質，因為他自己不曾意識到這一點。」

一個人若不具備同情心或真誠態度，硬要試圖偽裝是徒勞之舉。這種情感必須真實無欺，才能讓人聽得進耳朵裡。

知名演說家貝立芝說：「群眾自身最深刻的感受、最能影響人格的要素是宗教信仰。就和自我保護的法則一樣，信仰帶有強烈直覺，也具備自然力。信仰深深影響群眾的智慧和性格。那些能夠表達自己心中尚未成形的思想，進而強烈影響他人的人士，必定擁有這種重要卻無法分析的共鳴能力。」

林肯對人民懷抱深切的同情心，所言極少浮誇不著邊際，我認為沒有人會稱他為「雄辯家」。他與道格拉斯法官的辯論中，人們比喻優雅、流暢和誇張的道格拉斯是「小巨人」，將林肯稱為「誠實亞伯」（Honest Abe）。

林肯在演說時總會散發一股粗獷的質感，使演說效果倍增。聽眾會感受到他的誠實、真心與有如基督一般的聖潔品格。不計其數的法律高手都比林肯優秀，但他們之中很少人能對陪審團發揮更大的影響力。林肯不怎麼關心服務自己的個人利益，但關注公平正義、永恆真理的程度卻遠遠多上千百倍，他一開口，人們就感受到了。

贏取聽眾信心的另一個關鍵，就是謹慎地訴說自身經驗，這種做法大有幫助。如果你發表意見，聽者可能會質疑；如果你轉述傳聞或重述自己讀到的內容，則可能讓人感覺是在二手傳播；但若是自己親身經歷的遭遇自然就會顯露真誠語氣、真實質感，聽眾就喜歡這一味，會認定你是特定主題領域中的領先權威。

例如，某年秋天，一名來自紐約最出名銷售組織、堪稱超級業務員的學員發表了十分荒謬的聲明：

這位業務員學員聲稱，可以在沒有種子或根鬚的幫助下培育藍草（blue grass，一種美國原生植物）。根據他的說法，單單是山胡桃木灰就可以促使藍草生長出來。

我在評論他的演說時微笑指出，倘若他所言為真，他的驚人發現將能使他成為百萬富豪，因為三十五升的藍草種子就價值好幾美元。我還說，這項成就也將讓他名留青史，躋身傑出科學家之列。我告訴他，全世界無論今人或先人，無人能再造他剛剛宣稱的奇蹟，也沒有人能從無生命物質中製造出生命。

我非常冷靜自持地告訴他這些話。我覺得他的錯誤實在明顯、荒謬到根本不需要刻意反駁。我說完以後，全體學員都看清他的斷言愚蠢到家，唯有他自己連一秒都看不清楚。他非常認真地看待自己的論點，真摯到不行。他急得跳腳，宣稱他沒錯。他抗議，雖然沒有相關理論支撐，但有個人經驗佐證，知道自己在說什麼。他滔滔不絕說個沒完，更誇大稍早的說法、提供額外資訊、堆積更多證據。同時，他的言語之間帶有堅定的誠意和誠實。

我再一次明白告訴他，全世界找不到證據證明他的論述正確無誤，或說幾近正確。一秒鐘以後他再度起身，掏出一張五美元紙鈔，說是要請美國農業部解決這項爭議。

我留意到，他很快就贏得幾名課程學員和他站在同一邊。我驚嘆於其他學員如此輕信，因此請教這些人為何現在會相信這個論點。「他十足認真。」這就是其他學員回覆我的唯一解釋：十足認真。

認真的力量無與倫比，對付一般聽眾特別管用。鮮少人具備獨立思考的能力，這種能力就和寶石一樣罕見。但是我們都有感情和情緒，也都容易被說話者的感受影響。

假使說話者十分認真地相信一件事，而且也十足認真地說給大家聽，即使是聲稱自己可以從灰塵和灰燼堆中生出藍草，也能贏得一些信徒。當然，有經驗、成功的商業人士，照樣可以展現這種認真獲得聽眾信任。

號召步驟三：用事實讓人信服

你贏得聽眾的關注和信心之後，真正的工作才要開始。第三步就是陳述事實。

告知他人你所提出的主張，這是你的談話核心所在。這部分需要你投入大部分時間。請參考第十二章與第十三章。

這一步是準備工作的重點。你要是輕忽它的重要性，最終將會備受聽眾吐槽。

到了這一步，你等於是站上射擊線，法國陸軍統帥福煦說：「上了戰場，容不得你細細研究。你得在這裡使出渾身解數，因此你必須徹底了解並能迅速運用知識。」

你所具備的知識，必須比可能派得上用場的知識多出不止一倍。當奇幻小說《愛麗絲鏡中奇遇》（*Through the Looking Glass*）裡的白騎士（White Knight）踏上旅程時，已提早準備好應付一切可能的意外情況：帶上鼠籠以免夜間鼠輩打擾，背著蜂巢以免遭遇一群蜜蜂。如果白騎士準備這類主題的公開演說，一定可以成為贏家，因為他會針對自己想得到的每一項目標準備大量資訊；他會透徹了解主題、縝密規畫，以至於幾乎不可能搞砸。

面對站在不同立場的聽眾時，例如對著企業員工發表一項影響重大的提案，不可只是單方面告知，也應該讓對方發言。你應該確認他們的想法，否則可能會被迫處理完全偏離重點的議題。**請讓對方暢所欲言，並回應反對意見，然後他們才能回到比較平和冷靜的狀態，聽取你的意見。**以下是國家收銀機公司第一任總裁派特森處理這類情況的手法，摘自他發表在《系統雜誌》的文章：

> 提高收銀機售價有其必要，但是代理商和業務經理紛紛抗議，都說我們的業務會持續成長，所以應該維持原價。我請他們全體來到戴頓市（Dayton）開會。我策畫整場活動，在講台後方置放一大張紙，並安排一名記錄員。
>
> 我請全體各自針對漲價議題表述反對意見，結果意見有如潮水般從四面八方湧入，好似機關槍瘋狂掃射一般，來得又快又急。我請記錄員把反對意見全貼在紙上，第一天議程全用來蒐集反對意

見。我什麼事也沒做，就只是請大家各言己見。當會議結束，紙上已經集滿超過一百項反對漲價的意見。每一個意見都呈現在眾人眼前，似乎已經在所有人心中定下一個不應該改變價格的結論。然後我們暫時休會。

隔天早上，我一一檢視每一項反對意見，然後列舉圖表和文字說明，為何每一項反對意見都不成立。最終所有人都接受我的解釋。何以如此？**每件事都有正反兩面，白紙黑字寫下來，然後聚焦討論。沒有遺漏任何枝微末節，我們當場就解決所有問題。**

但是就我看來，僅僅是解決歧見還不夠，與經銷商開會的最後結果應該是，曲終人散時所有人都懷抱著熱忱踏上歸途。或許收銀機這項重點在討論過程中會變得模糊，因此我們必須製造高潮。我選在會議結束前夕安排這道哏，邀請一百個人一一站上來走過講台，每個人身上都帶著一張橫幅，上頭印著最新型收銀機的零件照片和相關作用說明。然後，當最後一人走下講台，全體再度走回台上完成大合體，拚出一具完整的收銀機。會議最終以經銷商瘋狂歡呼落幕！

號召步驟四：設定目標製造動力

這套方法的第四步，就是訴諸人們設定目標的動力。

我們每一個有意識和刻意的行為，都是由某一股願望激發。事實上，能夠激勵我們實際採取行動的事情不多，而且，我們內心真正渴望的事情其實少得讓人驚訝。這意味著：**如果一個人能看清動機的真面目，也有足夠力量引出它們，就能擁有非凡的力量。**聰明的說話者會精準實現這一步。

舉例來說：

一名父親發現小兒子偷偷抽菸，氣得七竅生煙、火冒三丈，大聲喝斥男孩中止這個有害的習慣，還警告他有礙健康。

但是，假設這名男孩就是不在乎自己的健康狀況，喜愛菸味與快感勝過擔心後果，那這名父親的嚴厲禁止終將徒勞無功。這名父親不懂得耍一點手段動搖兒子的心念，只會拿自己認定的動機就事論事，根本就沒有打破男孩心中的藩籬，讓高牆倒下。

然而，這名男孩很有可能在學校全心全意地參加田徑隊比賽，競奪百米榮耀，勝過他人。因此，這名父親只要停止把自己的感受灌注到男孩身上，改口勸告兒子，吸菸會妨礙並破壞他所珍視的運動表現，他反而比較可能採取正確的理想行動，順利、圓滿地強化願望，弱化欲望。

另一種策略是：**加入一個新的動機，以消除另一道動機。**

精於採取行動的農業專家便採用類似戰術：

好幾年前，東方果蛾隨著櫻桃樹進入美國，這些櫻桃樹是在日本政府轉贈，用於裝飾美國首都的湖泊邊界。但這種飛蛾四處傳播，威脅東部數州的水果作物。噴灑農藥似乎沒有任何成效，所以最後政府不得不從日本進口另一種昆蟲，好讓牠捕食東方果蛾。也就是說，我們的農業專家正拿一種害蟲打擊另一種害蟲。

這套策略如此高明，可惜使用的頻率並不是太高。

善用人的基本願望來激勵行動

那麼，哪些基本的人性願望適合用來激勵行動？

本章後半部分將聚焦討論、講述關於人性欲望的故事。**在這些動機裡，最強大的一項是獲得的欲望。**這將是幾百萬人明天早上比平常提前二至三個小時起床的主要動力，若沒有這道刺激，他們根本懶得費事早起。我們有必要進一步探討這股眾所周知的衝動所具備的效力。

還有一種欲望的威力甚至遠超過金錢，那就是自我保護，所有訴諸健康的籲求都奠基於這一點。舉例來說，當一座城市打著宜人氣候做廣告；當食品製造商強調產品的純度、可補充能量的特性；當專利藥品供應商列舉旗下祕方將能減輕的所有病痛；當乳牛聯盟告訴我們牛奶含有豐富維生素，是維持生命不可或缺的產品；當反菸社會的代言人說，一條香菸含有三%尼古丁，單單一滴尼古丁就能殺死一條狗、八滴則能殺死一匹馬，所有這些台詞都在召喚我們保護生命的內在渴望。

如果你想要更強化這道動機的吸引力，請讓它聽起來更與個人息息相關。舉例來說，請勿引用統計數字說明罹癌機率正在爬升。這樣說不夠厲害，要與正在聽你說話的人牽上關係：「這個房間裡有三十個人，假如我們全部都活到了四十五歲，屆時，根據醫學平均律，將有三個人死於癌症。」

有一股欲望和渴望金錢一樣強烈，事實上在許多人眼中，它反而是有過之而無不及，那就是希望被大家認定優秀、被眾人豔羨。換句話說，就是自豪、自傲、自尊心。有一位郵購期刊編輯最近在公開演說中指出，所有廣告使用的訴求中，沒有任何一種比自豪感更有成效。

請自問為何要學習這套課程。某種程度來說，你是否希望自己在別人心中留下更美好的印象？你是否因為發表過博得掌聲的言論，因而貪圖內心的滿足感？你是否曾自然而然地感覺到，一股糅合權力、領導力與聲譽的自豪感，順著公眾演說者身分而生？

我們是有感情的動物，渴望舒適和快樂；我們喝咖啡、上戲院，睡在床上而非地板上，不是因為我們已經證明這些東西有諸多好處，而是因為它們很舒服。所以，你若能充分說明自己的提議可以提升舒適感、增加愉悅感就能打動人心，這是強大的行動源頭。

有時候，當其他的嘗試全都失敗，訴諸情感的籲求反能產生行動。這是紐約市著名房地產拍賣師戴伊（Joseph P. Day）的親身經歷。他就是採取這一招，完成這輩子最大的一筆交易。以下是他自述箇中曲折。

專家知識不全然與銷售有關，我這輩子最大的一筆交易就沒有用上任何技術性知識。我以為一項辦公室交易已經做成了，所以致電蓋瑞法官，但他卻非常冷靜、果斷地說：

「戴伊先生，我們拿到一項提案，附近有一幢更現代化的建築，似乎比較契合我們。它的木造結構作工更完善。原來的建築太老派，你知道的，整組結構都太老舊了。總而言之，我有幾名同事認為另一棟建築遠比這幢建物更適合。」

他這麼一說，等於一筆五百萬美元的大單飛出窗外了！我沉吟了一會兒，蓋瑞法官也默不作聲。他已經做好決定。我沒有試圖回應他，反之，我回問：

「蓋瑞法官，你初到紐約時，第一間辦公室在哪裡？」

「就在這裡，」他說：「或者更確切地說，是在另一頭的房間裡。」

「鋼鐵公司又在哪裡落成？」

「問這做什麼？就在這幾間辦公室裡。」他沉默不語，然後又自顧自地說了起來。「有幾名年輕的高階主管時不時就會入駐更多精心設計的辦公室。他們對舊家具不太滿意。但是，」他補充道：「現在，這些人大部分早就跑光了。」

然後，我的這場交易就敲定了。隔週我們正式結案。

當然，我知道他收到哪一棟建物提案，所以我也可以比較兩者結構的優、缺點，然後讓蓋瑞法官自己反覆論證結構的條件重點，而不是我在一旁下指導棋。**但我反向操作，訴諸情感。**

信仰動機，足以超越個人利益

還有另一組強大的動機對我們具有莫大影響力：信仰動機。像宗教一樣，但不是正統的膜拜，或任何特定信條或宗派流派，而是許多宗教諄諄教誨、美麗且永恆的普世真理：**正義、寬恕、憐憫、服務他人、愛鄰人如己**。

沒有人願意承認自己不是仁慈、善良和寬宏大量的人。所以**我們喜歡聽到基於這類特質的訴求，因為它們象徵靈魂具備高尚情操，我們為此感到自豪**。當一個人簽了一千美元的支票捐贈慈善團體，並不是為了自我保護、增加財產或提升權力，許多人願意這麼做，是出於渴望變得高尚、公正和樂於助人的願望。以下案例可以看到超越個人利益的信仰動機：

華德（C.S. Ward）先生多年來擔任基督教青年會國際委員會（International Committee）祕書，致力為協會大樓籌募資金。他在西北部一座城市開展活動時，找到一位從未接洽過的知名企業高階主管。其他人並不期待那位主管會放下生意整整一星期不管，特地來幫基督教青年會的建物籌募資金。但是，那位主管卻同意參加開幕儀式，而且當場被華德先生的高貴利他主義訴求感動得五體投地，最後他還真的花了整整一星期投入一場熱忱洋溢的募款活動。在當週結束前，這位曾經以語出不敬出名的高階主管，誠心為該團體祈禱募款成功。

曾經有一群人造訪詹姆斯．希爾（James J. Hill），想要說服他同意在西北地區的鐵路沿線上成立基督教青年會。他們希望可以募到一筆可觀的費用，又很清楚希爾是精明的商人，若將主要論點建立在他對獲利的渴望上頗不明智。他們指出，協會將會對快樂、滿足的工人有所貢獻，並提升他的財產價值。「你還沒有提到真正能夠讓我願意打造基督教青年會的關鍵原因，」希爾先生回答：「那就是加入正義力量的陣容、打造基督徒品格的願望。」

甚至在政治角力中，也能發揮信仰的力量：

一九〇〇年，邊境地區的長期爭端迫使阿根廷和智利來到戰爭一觸即發的邊緣。戰艦已經建成、軍備積累、稅收增加。當年的復活節那天，一位阿根廷主教打著基督的名義熱烈籲求和平；隔著一座安地斯山脈，智利主教再度回應這句心聲。兩位主教從一個村莊走到另一個村莊，對著大眾呼籲和平與手足之情。起初，他們只能吸引到女性聽眾，但最終他們的訴求傳遍全國，激起國民熱血，所到之處都有民眾請願，廣大民意迫使政府同意仲裁，同時減少陸軍和海軍動員。最後，邊境要塞一一被拆除，槍枝燒融並鍛鑄成一座巨大的基督青銅雕像——懷抱著十字架的「和平之王」，這座雕像立在雄偉的安地斯山脈高處，守護著引發爭議的邊界。基座上寫道：「智利和阿根廷共和國人民，在他們忘記於基督雙腳下宣誓的嚴肅聖約之前，這些山脈就會自行坍塌、崩解。」

這種好似宗教一樣的情感和信念訴求力量，無遠弗屆。

卡內基說話學 15

激起渴望，就是號召眾人採取行動的祕訣！

- 首先，引起聽者的關注，例如吸睛的出場介紹。
- 其次，贏取信心的幾種方式，便是展現真心誠意、分享你自己從寶貴經驗學到的教訓。
- 第三，陳述事實，告訴聽眾你的建議的諸多優點，並回應他們的反對意見。
- 第四，訴諸他人採取行動的動機：獲得的渴望、自我保護、自豪感、快樂、溫情、情感，以及有如宗教理想的信仰，諸如正義、仁慈、寬恕、愛。
- 如果你能明智善用上述方法，不僅有助於在公開場合的表現，也能促進個人的人際關係；這些方法也有助於撰寫廣告文宣、架構內容與處理商業談判。

鍛鍊雙唇和舌頭的靈活度

根據《紐約時報》的一篇特別報導，世界大戰期間，一般士兵爭取晉升為軍官卻遭委員會拒絕的機率約為七分之一，原因不外乎「表達能力差、聲調微弱、發音不美」。這些障礙其實在一般人的生活中同樣普遍，而且嚴重程度相當。難道你不曾被迫得請對方重複說一次？特別是和陌生人對話時容易出現這種情形。難道你不曾遇過某些演說者發言內容特別艱澀難懂，以至於聽到滿肚子火？

根據《鑽石就在你身邊》的作者，即使是我們聽得懂發言內容的說話者，也常常缺乏條理清楚的表達方式，但**口條清晰聽起來多麼令人愉快，人們普遍認為這是一種可靠的象徵。每個人只要勤於練習，都可以提升發音和表達能力**。聾啞人士受訓準確使用嘴唇、臉頰和舌頭的肌肉，最後他們幾乎可以和擁有聽力的人一樣清晰表達。這類訓練可以為一般人帶來更多好處。

舉例來說，最簡單的練習是緊閉雙唇發出的音，例如：麼。請將雙唇閉得比平常更緊、更久。許多人發這些音時，雙唇幾乎不會相碰，你是否也如此？請用誇張的方式發音，感受嘴唇中心的壓力，也可以站在鏡子前練習，力求發音清晰。

接著練習以舌尖抵住上顎的音，例如：特、的、呢。請將舌頭緊壓牙齒後方，不要讓舌頭偷懶。把舌頭想成一枝鉛筆，只用前端的部分，就能快速又輕鬆地發音，千萬不要抵上整片舌頭，抵住的位置也不能過於向後。請對著鏡子練習，自己造一些滑稽的語句來複述，務必積極運用相應肌肉。

「卡羅素發音如此完美，」傅奇托和拜爾在著作《卡羅素與歌唱藝術》中說道：「正是由於他有靈活的雙唇和舌頭。」

延伸閱讀

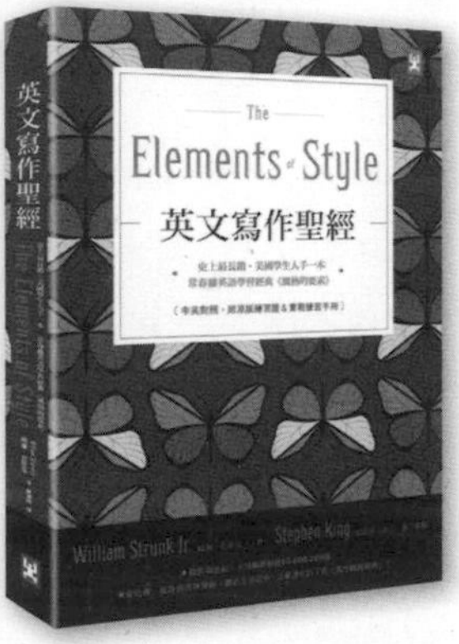

作者：威廉・史壯克
William Strunk Jr.

英文寫作聖經

史上最長銷、美國學生人手一本、常春藤英語學習經典《風格的要素》（中英對照，附原版練習題）【隨書贈】英文寫作必備・實戰練習手冊

The Elements of Style

恐怖小說大師 Stephen King 奉為權威典範的英文寫作聖經
經典兒童名著《夏綠蒂的網》作者 E. B. White 極致推崇
橫跨兩世紀 ・ 全球暢銷超過 10,000,000 冊
從哈佛、耶魯，到普林斯頓，霸佔全美高中、大學課堂的「英語寫作暢銷經典」！

7個語法基本規則╳11個寫作基本原則╳7大寫作格式注意事項
50個易誤用字詞╳65個常拼錯單字╳25道作者精心規劃練習題

一本「英文母語人士」奉為寫作聖經的殿堂級教本！
2016 年美國 Open Syllabus Project 統計，全美大學有超過 3,000 堂課程將《The Elements of Style》列為指定參考書，在美國幾乎人手一冊，許多教授都要求學生必須熟讀史壯克的「7 個英文語法規則」&「11 大文章寫作原則」，唯有反覆練習這 18 個原理，才能寫出道地、簡潔、言之有物的文章。

作者：趙柏凱

小資理財90秒【圖卡小劇場】

一看就懂的新手理財課，學會「儲蓄+保險+投資」，擺脫窮忙、存到第一桶金

一看就懂！理財超級新手・入門必讀！
想要有錢、有自由，卻覺得理財太難懂？方法總是沒有效？
用超幽默「圖卡小劇場」化繁為簡，
帶你學會☞ 47 個成功累積財富的觀念 & 祕訣！

你也有以下問題嗎？
＊不會分配開銷，月底總是沒錢花
＊覺得自己有存錢，但是存款沒有增加
＊每到周年慶、折扣季，消費就失控
＊股票常常被套牢，不知道該認賠出場還是續抱？

這些都是小資族經常面臨的理財陷阱，作者化身理財專家「奈提博士」，用簡單的圖文漫畫，解說困難又複雜的財務知識，每個重點概念只要 90 秒就能懂，數學不好也沒關係。書中更畫出你在各個階段會遇到的難題，全面破解理財焦慮與迷思，一步步開始規劃「FIRE 財富自由」人生！